Ancrées dans le Nouvel-Ontario, les Éditions Prise de parole appuient les auteurs et les créateurs d'expression et de culture françaises au Canada, en privilégiant des œuvres de facture contemporaine.

Éditions Prise de parole
C.P. 550, Sudbury (Ontario)
Canada P3E 4R2
www.prisedeparole.ca

Nous reconnaissons l'aide financière du gouvernement du Canada par l'entremise du Fonds du livre du Canada (FLC), du programme Développement des communautés de langue officielle de Patrimoine canadien, et du Conseil des Arts du Canada pour nos activités d'édition. La maison d'édition remercie également le Conseil des Arts de l'Ontario et la Ville du Grand Sudbury de leur appui financier.

Aveux et confidences

Du même auteur

Petites pierres blanches, nouvelles, Ottawa, Éditions David, 2012, 214 p. (Prix Le Droit 2013).

L'enfanCement, récits, Sudbury, Éditions Prise de parole, 2011, 282 p.

Le jour qui tombe, nouvelles, Ottawa, L'Interligne, 2009, 215 p.

Esprit de sel, carnets littéraires, Sudbury, Éditions Prise de parole, 2008, 234 p., Grand prix du livre d'Ottawa.

Le chuchotement des étoiles, roman, Sudbury, Éditions Prise de parole, 2007, 175 p.

Les roses et le verglas, nouvelles, Sudbury, Éditions Prise de parole, 2004, 190 p., Grand prix du livre d'Ottawa.

Mémoire vive, nouvelles, Québec, L'instant même, 2003, 254 p., Grand prix du livre d'Ottawa, prix Le Droit.

Une ville lointaine, roman, Québec, L'instant même, 2001, 292 p., Prix des lecteurs Radio-Canada.

Fleurs d'hiver, essais et nouvelles, Sudbury, Éditions Prise de parole, 1998, 300 p.

La savoyane, nouvelles, Sudbury, Éditions Prise de parole, 1996, 201 p.

Le balcon dans le ciel, roman, Sudbury, Éditions Prise de parole, 1995, 147 p., prix du Salon du livre de Toronto, prix Trillium et prix Ottawa-Carleton.

Le pont sur le temps, nouvelles, Sudbury, Éditions Prise de parole, 1992, 152 p., prix Ottawa-Carleton.

Le petit monde des grands bureaucrates, humour sur la bureaucratie des fonctions publiques canadiennes, Boucherville, Éditions de Mortagne, 1992, 294 p.

La vie secrète des grands bureaucrates, humour satirique sur la bureaucratie, Hull, Asticou, 1989, 340 p. ; publié en anglais dans une traduction de Wayne Grady et David Homel sous le titre *The Mandarin Syndrome*, Ottawa, Presses de l'Université d'Ottawa, 1990, 248 p.

La chambre à mourir, nouvelles, Québec, L'Instant même, 1988, 200 p., prix Ottawa-Carleton.

*Cinquante exemplaires de cet ouvrage
ont été numérotés et signés par l'auteur.*

MAURICE HENRIE

AVEUX ET CONFIDENCES

Essais

Éditions Prise de parole
Sudbury 2014

Œuvre en première de couverture et conception de la couverture : Olivier Lasser

Diffusion au Canada : Dimedia

Catalogage avant publication de Bibliothèque et Archives Canada
Henrie, Maurice, 1936-, auteur
Aveux et confidences / Maurice Henrie. Essais.
Publié en formats imprimé(s) et électronique(s).
    ISBN 978-2-89423-912-4. – ISBN 978-2-89423-758-8 (pdf). –
    ISBN 978-2-89423-887-5 (epub)
I. Titre.
    PS8565.E5885A94   2014   C844'.54   C2014-900768-X
                                                 C2014-900769-8

ISBN 978-2-89423-912-4 (Papier)
ISBN 978-2-89423-758-8 (PDF)
ISBN 978-2-89423-887-5 (ePub)

REMERCIEMENTS

L'auteur souligne la généreuse participation financière du Conseil des arts de l'Ontario à la rédaction de cet ouvrage.

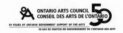

À mes quelques amis.

Si vous patientez assez longtemps,
vos ennemis deviendront vos amis.
Et vice versa.
Vieux proverbe chinois de mon cru

Écriture

LES MOTS

L'amour des mots, que j'ai commencé à éprouver très jeune, a dominé ma vie. Non seulement j'ai lu avec avidité, mais j'ai aussi écrit des pages innombrables à propos de tout et de rien. J'en ai écrit parce que j'y prenais plaisir, parce que mes études l'exigeaient et parce qu'un travail rémunéré m'imposait de le faire. J'en ai surtout écrit pour des grands bureaucrates et des politiciens, ce qui est, d'un point de vue littéraire, la pire perte de temps et d'énergie qu'on puisse imaginer !

Il ne m'est resté de mes années de fonctionnaire rien qu'il vaille la peine de rappeler. Ou très peu. Ce que j'ai écrit alors est irrémédiablement perdu, égaré dans des classeurs anonymes ou mis en lanières par une déchiqueteuse. À moins que ces pages n'aient plutôt terminé leur vie utile dans des archives dont personne ne connaît maintenant le lieu ni le contenu, et encore moins le sort éventuel. Il faut dire aussi que, quelques heures après leur écriture, rarement plus de quelques semaines, elles ne présentaient plus aucun intérêt pour personne, l'espérance de vie d'un texte administratif ou politique étant le plus souvent de très courte durée.

Un jour que, seul et désœuvré dans mon grand bureau de grand bureaucrate, j'attendais que mon sous-ministre veuille bien m'accorder une demi-heure de son temps, il me vint à l'idée d'écrire un texte littéraire. Une sorte de poème lyrique en prose. À la relecture, je le jugeai fort mauvais et le jetai aussitôt dans ma corbeille administrative. Mais il était trop tard : j'avais déjà attrapé à mon insu le virus de l'écriture littéraire, dont je n'allais pas me débarrasser pendant plus d'un quart de siècle. À preuve, le lendemain, je recommençai le même texte que la veille. Cette fois, il me sembla meilleur mais, par précaution, je le jetai, lui aussi. De peur d'être pris en flagrant délit de faire de la littérature par un collègue ou par ma secrétaire.

Quelque temps plus tard, je me mis à écrire un vrai livre. L'expérience me sembla agréable et, surtout, satisfaisante. Ce premier livre fut bientôt suivi de plusieurs autres. Ils m'ont d'abord mené à quelques succès modestes, ce qu'à tort je confondis avec la consécration littéraire. Par la suite, il y eut un plateau où rien d'important n'est survenu. J'avais l'impression que je n'arrivais plus à surprendre, à étonner, à intéresser la galerie. Pour ce qui est des grands succès de librairie, je ne les espérais déjà plus. D'autant plus que, dans mon coin de pays, de tels succès sont aussi rares et aussi inexplicables que les yétis.

L'attrait irrésistible que j'éprouvais pour l'écriture était incompréhensible puisque je communiquais facilement, de vive voix, avec le public. En fait, je me sentais plus à l'aise devant un auditoire que devant une table de travail solitaire. Je me suis même fait, pendant une dizaine d'années, une réputation de professeur et de conférencier, ce qui semblait présager une orientation tout autre que celle d'écrivain. Mais avec le temps, cette première facilité s'est estompée peu à peu, pendant que les mots, au contraire, ont pris dans ma vie une place toujours plus grande.

Les années ont passé, pendant lesquelles j'ai continué d'écrire avec assiduité et persévérance. Même lorsqu'il m'est apparu clairement qu'il n'y avait plus vraiment d'espoir de me distinguer nettement des autres auteurs, ni de m'élever au-dessus de la multitude. Ni enfin d'apporter à mes lecteurs quelque chose de vraiment original ou, mieux encore, d'extraordinaire. D'autant plus que je vivais en Ontario, où la langue anglaise domine complètement et où les lecteurs francophones sont relativement peu nombreux.

Pour ce qui est des autres pays de la francophonie, il est difficile d'y percer et de faire connaître ses livres, sans compter qu'il n'est pas toujours facile ni souhaitable de s'y installer. Il aurait fallu à tout le moins que je m'établisse dans une grande ville comme Montréal (comme bien d'autres auteurs non québécois l'ont fait et le font encore), où j'aurais pu tirer parti de l'effervescence littéraire exceptionnelle qui y règne. Tout me disait donc de laisser tomber l'écriture, d'aller plutôt à la pêche au maskinongé, en ski de randonnée dans les Appalaches, ou au cinéma pour revoir une fois de plus *Casablanca*.

J'ai finalement abandonné, pensez-vous? Pas du tout! Je n'ai pas cessé de souffrir cruellement de la maladie des mots. J'ai continué à pousser mon stylo avec diligence, à enfoncer assidûment les touches de mon clavier, parfois sans trop savoir ce que je faisais, pourquoi je le faisais, ni dans quelle direction je m'orientais. Un peu comme un grand malade pousse obstinément de son lit le bouton de la sonnette qui alerte l'infirmière chargée de veiller sur lui. L'appel des mots était chez moi si puissant qu'il défiait même le bon sens et la logique. Il me semblait que, sans eux, mon existence n'avait plus de sens et que je mourrais lentement d'asphyxie, sans avoir pu réaliser l'obscure ambition qui m'avait aiguillonné jusque-là.

Plusieurs de mes proches et de mes amis, trouvant mon entêtement obsessionnel, pathologique même, m'apportèrent une aide bienveillante et chaleureuse. Ils me conseillèrent gentiment de renoncer aux mots et de revenir à la vie normale, comme ils disaient. Ils ont fini par me convaincre : je leur ai promis d'aller jouer au golf dès la semaine suivante, de m'acheter un laissez-passer pour la prochaine saison de soccer et d'assister aux parties de hockey aussitôt l'hiver venu. J'ai tenu parole. Comme tout le monde, j'ai regardé d'un œil passionné la balle blanche entrer dans le trou, j'ai vu le ballon noir et blanc franchir la surface de réparation et j'ai hurlé en voyant la rondelle noire se loger au fond du filet.

Bien plus, pour faire la preuve de ma bonne volonté et ne pas être accusé de snobisme ou de *nerdisme*, j'ai mangé des hot dogs, moi aussi, et j'ai ingurgité d'innombrables bières, soit pour fêter la victoire de nos joueurs, soit pour pleurer leur défaite, l'une et l'autre occasion étant la bonne. Mon évasion était complète : il n'y avait plus de place dans ma tête pour les mots, tellement les jeux et mes nouveaux compagnons m'accaparaient tout entier. J'étais enfin exorcisé de l'écriture et débarrassé de mon hallucination littéraire. Mais les mots, eux, n'étaient pas de cet avis. On aurait dit qu'ils avaient une volonté à eux. Ils ont continué à fourmiller et à bouillonner en moi. Non pas à mon insu, mais plutôt en dépit de moi. En dépit de l'interdit que je leur posais de se manifester, d'intervenir dans ma vie. Quand je me réveillais la nuit, je les voyais danser devant moi dans l'obscurité. Une danse endiablée et ensorcelante qui m'empêchait de me rendormir. Ils cherchaient clairement à me reconquérir, à me soumettre à leur volonté, à me faire rentrer dans le rang. Au matin, je me levais épuisé, sans avoir pourtant rien fait. J'avais alors le sentiment que, si je résistais plus longtemps, si je refusais d'obtempérer, les mots se vengeraient de moi en me condamnant à l'inutilité, à l'inanition ou même à la mort.

Quand j'ai commencé à m'intéresser aux mots, je les manipulais comme des objets sacrés. Avec mille précautions. Avec le plus grand respect. Avec la même piété qu'un enfant s'agenouille dans le chœur d'une église et s'incline devant l'ostensoir. J'avais le sentiment que je participais à un rite solennel, privilégié. Et j'étais convaincu que les mots jouent dans la vie un rôle de première importance. Convaincu aussi que la société tient les écrivains en haute estime, qu'elle les considère tout autant que les maires qui président une séance du conseil ou que les curés qui célèbrent une messe de minuit.

J'ai pris conscience de ma naïveté assez rapidement. J'ai compris aussi que j'étais mal informé des changements sociaux qui se produisaient autour de moi. Les gens avaient, en fait, moins de respect pour les mots.

Moins de temps à leur donner. Moins de considération aussi pour ceux qui y consacrent tous leurs loisirs ou qui prétendent même en vivre. Ils ont toujours de l'estime pour les mots, bien sûr, mais surtout dans la mesure où ils ont une utilité immédiate, dans la gestion, dans les communications, dans les affaires. Les universités continuent d'enseigner les langues et les lettres, et les éditeurs de publier des livres, mais le fond de l'air a changé.

C'est alors que m'est venue une idée que beaucoup jugeront farfelue. Je cesserais d'écrire pour un public aussi restreint, capricieux et inconstant, et je n'écrirais plus que pour moi-même. Pour mon propre bonheur. Pour donner libre cours à mon amour des mots. Oui, je m'inscrirais en faux contre l'idée partout répandue qu'un auteur ne peut écrire que pour communiquer avec des lecteurs éventuels, avec le grand public. Il me semblait aussi que ce grand public n'avait pas besoin de moi, qu'il avait le choix parmi une foule d'autres écrivains et de livres. Pourquoi donc voulais-je me rappeler à lui? Pourquoi désirer autre chose que le silence et l'anonymat de la feuille blanche, prête à noircir?

Le malheur, cependant, c'est que vouloir écrire pour soi-même frôle le non-sens ou même l'absurdité. N'est-ce pas l'équivalent de se parler à soi-même, avec tout le déséquilibre mental et le dérapage psychologique qu'un tel monologue implique? Pourtant, il existe de nombreux exemples d'auteurs qui prétendent n'écrire pour personne d'autre qu'eux-mêmes ou seulement pour quelques intimes. Comment réaliser un tel projet?

Le journal intime est une formule littéraire connue et pratiquée par un grand nombre, où l'auteur et l'interlocuteur sont en fait la même personne. Un jeu de miroir où celui qui écrit s'adresse avant tout à sa propre image plutôt qu'à un tiers. La vérité, cependant, c'est qu'une fois terminé cet exercice narcissique, une fois terminé le journal intime, l'auteur a bien l'intention, non pas de le détruire, mais bien de le publier, afin de faire participer le public à ses multiples états d'âme. Ce qui nous ramène à la case départ. Le journal intime qui semble destiné à l'auteur lui-même est un subterfuge : il vise en réalité le public.

La correspondance qu'un écrivain entretient durant sa vie avec ses contemporains est un peu du même ordre. Il semble d'abord que ce sont de simples lettres adressées à des particuliers. Mais, ouvertement ou secrètement, l'auteur sait ou espère qu'un jour, après sa mort, quelqu'un les découvrira et les assemblera dans un ouvrage qu'il publiera. Autre manière, mais posthume, de construire une œuvre littéraire dont le destinataire lointain est le public.

L'exemple parfait d'une telle démarche est celui de l'écrivain français André Gide qui, pendant plus de trente ans, écrivit des lettres à sa femme, Madeleine Rondeaux, dans l'espoir évident qu'elles lui survivraient et qu'elles feraient partie de son œuvre. Le malheur voulut cependant que, suite aux incartades sexuelles de Gide, notamment avec son amant Marc Allégret, Madeleine brûle par dépit la correspondance de son mari. Une amputation importante à l'œuvre de Gide, qui demeura d'ailleurs inconsolable.

— C'est le meilleur de moi qui disparaît, écrivit-il.

Les mots sont généralement plus dangereux qu'on le croit. Plus dangereux pour l'écrivain que pour le lecteur. S'ils peuvent distraire ce dernier pendant quelques heures, quelques jours tout au plus, en revanche, ils déterminent en fait l'usage que l'auteur fait de son temps et de sa vie elle-même. Pour que les mots viennent au monde, il faut que l'écrivain consente à la solitude. Au silence. À la pénombre. Aux rideaux fermés. Les heures et les années s'égrènent. Et pendant qu'il se livre à l'écriture, il a souvent l'impression que la vie, la vraie vie, passe à côté de lui à un train d'enfer, le laissant derrière à se chamailler seul avec les mots. Un sentiment écrasant qui le force parfois à réévaluer son choix de carrière.

— Je m'arrête ou je continue? s'interroge-t-il.

Malgré tout, on ne peut pas, on ne doit pas renoncer à l'écriture, ni écrire que pour soi-même. On ne doit pas non plus renoncer aux autres. Il faut au contraire se tourner vers ceux qui, peut-être, vous liront. Il faut aussi consentir au grand jeu littéraire, même s'il s'apparente à la roulette russe. Gagnera-t-on son pari? Le perdra-t-on? Impossible de savoir! Mais puisqu'on a commencé à jouer, qu'on a déjà tout misé sur l'écriture, il faut tenir le pari jusqu'au bout, advienne que pourra.

Pendant que sa tasse de café refroidit à ses côtés, l'auteur doit placer les doigts sur le clavier et, sans broncher, interroger l'écran encore blanc et vide de son ordinateur.

Littérature

La littérature sur laquelle, il y a bien des années, j'avais tout misé n'a pas rempli toutes ses promesses. Sur le tard, je me rends compte, comme bien d'autres auteurs, que la société actuelle n'a plus pour elle les égards qu'elle lui témoignait autrefois. Il y a déjà longtemps, Albert Camus écrivait que, au début de sa carrière, on entrait en littérature comme dans une cathédrale, mais que, plus tard, on y entrait plutôt par dérision. Nous sommes aujourd'hui très loin de Camus et de sa cathédrale, et la dérision se change souvent en indifférence, ce qui me semble une nette dégradation.

De nouvelles préoccupations, de nouvelles activités encombrent l'espace que, il y a un demi-siècle, l'écriture occupait. Des technologies avant-gardistes et quasi miraculeuses s'installent partout. Sans compter que les sports tous azimuts remplissent souvent les écrans et les esprits, et rognent la place auparavant réservée à la littérature. Bien sûr, elle a toujours ses prêtres et ses disciples, qui la pratiquent avec ferveur et qui la défendent avec énergie. Ce qui est à la fois consolant et rassurant, mais aussi insuffisant. À tort ou à raison, l'influence et le poids social des écrivains

diminuent peu à peu, tout au moins dans la francophonie de ce pays. Et particulièrement dans cette province, où la langue continue à chuter et, avec elle, une
bonne partie de ce qu'on appelle la culture.

Les Québécois, eux, s'accrochent toujours au mirage
de leur permanence en tant que citoyens de souche
européenne. Ils semblent aveugles à la dénatalité chez
eux et, aussi, à l'immigration constante en provenance
de tous les pays du monde, qui modifie profondément
leur caractère ancestral et leur tissu social. Ils croient
enfin à la suprématie du français dans leur province,
malgré des signes démographiques et avant-coureurs
inquiétants.

Selon des études récentes, dont celles de l'Office
québécois de la langue française, les francophones
seront minoritaires dans la métropole de Montréal dès
2030. Vers la même date, moins de la moitié parleront
français à la maison et un Québécois sur trois fera partie de la minorité visible. Si les Québécois ne souffrent
pas de la même adoration que les Français à l'égard
des Américains, leurs artistes se tournent pourtant vers
eux en grand nombre, attirés par l'argent facile et par
l'espoir d'une gloire rapide et internationale.

Devant l'ensemble de ces phénomènes, les auteurs
québécois et ontariens doivent se demander pour qui
ils écrivent. Qui les lira demain? Dans un quart de
siècle? Un public nouveau et légitime s'installe peu à
peu, avec un passé différent, une culture souvent non
européenne, des racines autres que nord-américaines
et autres que québécoises. Les immigrants occupent
une place grandissante dans la société qu'ils contribuent à transformer. On a l'impression que l'écriture,

dans sa forme actuelle, est sur le point de subir une métamorphose radicale et qu'elle devra s'adapter au changement inévitable, au risque de dépérir. Les livres remarquables de l'Haïtien Dany Laferrière en sont une preuve irréfutable.

La langue française et l'écriture littéraire pourraient-elles un jour se raffermir ou même reprendre le terrain perdu? Les gens se remettront-ils à lire des ouvrages de fiction en grand nombre (surtout des romans, bien sûr!), sur papier ou dans des livres électroniques? Déborderont-ils le strict cadre des revues du jour et de l'écran de leur iPad ou de leur ordinateur? On le souhaite, mais sans y croire vraiment. L'évolution n'évolue pas souvent vers l'arrière!

Il faut prendre suffisamment de recul et considérer le monde qui nous entoure à partir d'une certaine distance pour mieux comprendre toute la relativité des activités littéraires. Toute l'importance changeante qu'elles peuvent avoir dans l'actualité. Je n'ai pas la prétention d'avoir atteint une telle vision, ni une telle sagesse. Mais j'ai la certitude intuitive et personnelle que je m'en suis tenu trop exclusivement à l'écriture, qui est soumise à des bornes et à des limites précises et restreignantes. Aussi bien en raison de sa nature même qu'aux yeux de la société dans laquelle nous vivons.

Contrairement à ce que veut le proverbe, il aurait été préférable, en rétrospective, que je poursuive non pas un seul, mais plusieurs lièvres à la fois. De manière à pouvoir agir en même temps sur plusieurs plans, selon l'intuition du moment, les occasions qui se présentaient et les tendances du jour. Un bon nombre d'écrivains en arrivent d'ailleurs à cette conclusion assez rapidement. Ils rajustent leur tir et ajoutent une ou plusieurs cordes à leur arc. Nous connaissons tous quelqu'un qui, de littérateur, est devenu politicien, peintre ou même potier. Bien sûr, le phénomène n'est pas d'aujourd'hui, mais il semble plus fréquent qu'autrefois.

Il faut se souvenir aussi que les auteurs sont contraints à la solitude et, pour la plupart, à l'effacement, parfois à l'anonymat, étant donné les exigences de l'acte même d'écrire. Une véritable fatalité pour eux, puisque le monde actuel reconnaît, admire et honore plutôt le visuel, le spectacle, le paraître, l'éclat et, plus généralement, tout ce qui passe bien à la télévision et qui rapporte de l'argent. Beaucoup d'argent. Ce n'est pas là un blâme, ce n'est pas non plus de l'envie. C'est un simple constat.

Bien que les ventes de livres (toutes publications confondues) se maintiennent, on trouve la preuve d'un certain fléchissement en se promenant dans les salons du livre. Ils sont devenus aussi des salons de la radio et de la télévision, puisque les médias y occupent une place de premier plan. On a parfois même l'impression qu'ils prennent le pas sur l'écrit. Un auteur peut bien passer deux ou trois jours assis au stand de son éditeur, noyé dans l'océan de livres qui l'entoure, sans que sa présence soit beaucoup remarquée. Le même auteur passera de l'anonymat à la notoriété, ou même à la célébrité, dans la mesure où il arrivera à parler dans un micro ou à se faire inviter devant une caméra, ne serait-ce que quelques minutes.

Ce phénomène n'est pourtant pas aussi regrettable qu'on pourrait le croire. Sans la présence des médias dans les salons du livre et dans notre quotidien, la publication d'un ouvrage passerait souvent inaperçue et ses ventes en souffriraient de manière appréciable. Preuve que le grand public écoute la radio, regarde la télé et feuillette les journaux beaucoup plus assidûment qu'il ne lit des livres.

Les politiciens, surtout les politiciens américains, ont l'habitude de répéter qu'il ne faut pas se disputer avec quelqu'un qui achète son encre au baril (*Never argue with a man who buys ink by the barrel.*) Une expression un peu vieillotte, puisque rares sont ceux qui se servent encore d'encre pour écrire. Mais la réflexion reste valable en ce que ceux qui vivent de leur plume, surtout les critiques et les journalistes, sont redoutables ou même dangereux. Ils ont un accès direct à des quotidiens et à des revues et peuvent diffuser leurs opinions rapidement et mieux que personne d'autre. Les politiciens ne doivent donc pas se les mettre à dos, mais plutôt entretenir avec eux des rapports harmonieux.

C'est un conseil judicieux. Il vaut aussi pour les écrivains. La tradition littéraire veut qu'un auteur ne réagisse jamais à l'article (flatteur ou défavorable) qu'un critique publie sur son dernier livre, sur l'ensemble de son œuvre ou sur lui-même. Pour ma part, la chance m'a souri : la critique m'a le plus souvent épargné.

Surtout quand ils sont jeunes, les critiques aiment bien se faire les dents sur un auteur qui (heureusement pour eux !) est prisonnier du silence et ne pourra ou ne voudra pas se défendre ! L'exercice est aussi facile et aussi peu dangereux que de pêcher des truites dans une baignoire ! Comment l'auteur pourrait-il répliquer, en effet, puisque, le plus souvent, il n'a pas accès au journal ou à la revue où l'article a été publié ? Sans compter qu'il serait mal vu si, au lieu d'accepter le jugement (si farfelu ou si peu équilibré soit-il) porté sur lui ou sur son livre, il s'avisait de protester. Un geste qui enfreindrait la tradition du silence et déclencherait peut-être rancune ou polémique ou l'une et l'autre.

Que la critique soit favorable ou non, méritée ou non, elle a des répercussions importantes sur l'auteur et sur son livre. Si elle est négative, la réputation du premier en prend pour son rhume et sa cote fléchit légèrement dans l'opinion publique. Le livre lui-même accuse également le coup : il risque la mévente, ce qui, surtout dans un monde où les lecteurs sont peu nombreux, est fort malheureux. Sans compter que les juges de toutes sortes sont à l'affût de tout ce qui s'écrit et de tout ce qui se dit dans le milieu littéraire. Dans un tel cas, il vaut mieux pour l'auteur oublier son livre, l'abandonner à la dérive et en mettre un autre en chantier.

Si, au contraire, la critique est positive, l'auteur s'en trouve tout parfumé et sa renommée augmente d'un cran. Le livre, lui, qu'il soit bon ou mauvais, fait un petit bout de chemin honorable et se mérite une place provisoire sur les rayons des bibliothèques et des librairies. Il arrive aussi, mais plus rarement, que l'auteur connaisse la notoriété ou même la gloire littéraire.

Depuis toujours, cette gloire est capricieuse et inexplicable. Les éditeurs rêvent encore de trouver la formule magique qui leur permettrait de la faire surgir chaque fois qu'ils publient un livre. Ils rêvent aussi de harnacher en leur faveur l'opinion publique, cette montagne tremblotante de Jell-o! Il existe d'ailleurs quelques éléments de solution en ce sens. Par exemple, faire en sorte que l'auteur présente son livre à l'émission de variétés la plus populaire de l'heure. Ou même, si l'éditeur et l'auteur ont de la poigne auprès de leurs amis du petit écran, faire parler de son livre au bulletin de nouvelles télévisé du matin. Un dernier truc: faire paraître sa photo sur la page couverture du magazine littéraire le plus vendu, un coup de maître difficile à réussir.

Pourtant, le public imprévisible déjoue toutes les tentatives en ce sens. Certains auteurs réussissent à trouver le cœur des lecteurs avec la plupart ou même avec chacun de leurs livres. On attendait, on attend encore le prochain Milan Kundera, le prochain Alexandre Jardin, le prochain Alice Munro, le prochain Marie Laberge. Insatiable, on leur redemande des mots magiques. Tout ce qu'ils touchent se change en or.

On observe aussi le phénomène contraire. Après un départ remarquable et remarqué, certains auteurs lassent rapidement leur public. Celui-ci finit par reconnaître leur pensée et leur style dès les premières lignes. Ils ne surprennent plus, ils ne séduisent plus, ils ne se renouvellent pas. Phrases trop longues. Verbes trop nombreux. Mots trop difficiles. Il faut se reporter au dictionnaire. Pis encore, à la grammaire. Surtout, ils se vautrent dans l'abstraction. Ils s'adressent à la tête plutôt qu'au cœur. Tout ce qu'ils touchent se change en étain!

Le public a toujours raison. Tout au moins, il a le dernier mot. Il change d'humeur et d'auteur comme on change d'eau son poisson rouge. Il est une fournaise chauffée à blanc qui consume tout ce qu'on y jette. Il réclame du carburant propre, de l'énergie fraîche et vierge, des voix neuves et jamais entendues. Il s'impatiente, il tourne le dos à ce que, hier encore, il adorait. C'est la loi. C'est la première vérité du monde. Du moins pour l'instant. Demain? On verra demain.

Sept phrases célèbres

Les gratte-papier et, en particulier, les rédacteurs de discours vivent dans les ténèbres. Moyennant rémunération, ils consentent à écrire pour quelqu'un d'autre des exposés et des allocutions de toutes sortes. On y retrouve souvent des mots ou des phrases qui frappent l'imagination populaire et qui survivent dans la mémoire des gens pendant tout un quart de siècle, parfois davantage. Ils survivent aussi dans des documents officiels et dans des archives que l'on conserve religieusement pour la postérité.

Ces rédacteurs mercenaires n'ont pas le droit de réclamer la paternité des idées et des phrases qu'ils inventent et qui deviennent parfois célèbres, leur contrat exigeant le plus souvent, tacitement ou expressément, qu'ils y renoncent. Surtout dans le monde de la politique et dans les ministères et organismes de l'État, cette forme subtile de plagiat est à l'honneur et se pratique parfois au vu et au su du public, mais le plus souvent à son insu.

Les grands de ce monde, les premiers ministres canadiens, les présidents américains, les chefs d'entreprise et de mouvements populaires s'approprient les trouvailles verbales des rédacteurs et les font leurs aux yeux de la presse et de la population. Ils les prononcent admirablement bien dans des discours écoutés et applaudis, comme si c'était leurs inventions à eux. Ce qui fait qu'on les cite avec admiration dans les journaux, à la radio et, surtout, à la télévision.

Personne ne semble se rendre compte que ce ne sont pas seulement des mots, des phrases, de la syntaxe et de la grammaire que les grands personnages empruntent, achètent ou dérobent aux rédacteurs. Ils leur empruntent, ils leur achètent, ils leur dérobent aussi et surtout des idées, des opinions, des convictions, des politiques, des théories, des manières de dire, d'agir et d'être. Le plus souvent, le public ne soupçonne même pas la vacuité d'esprit dont souffrent certains des personnages et des célébrités dont ils écoutent les discours.

On rappelle volontiers leur sens de l'humour et leur vivacité d'esprit. On répète telle ou telle trouvaille verbale dans les milieux avertis, en soulignant avec admiration le génie de l'orateur. Celui-ci, plutôt que de détromper les gens et de leur expliquer l'origine du bon mot ou de la belle pensée, accepte les louanges sans broncher, habitué de longue date au vol intellectuel de bon goût qui est de mise dans l'univers où il évolue.

Est-ce qu'on peut vraiment s'approprier le génie qu'on n'a pas? Est-ce qu'on peut prétendre être l'auteur d'une phrase ou d'un texte mémorable en arguant qu'on a payé le rédacteur, qu'on a ainsi acheté son silence et qu'on peut désormais être un âne se paradant impunément sous la peau d'un lion? Il semble que oui. J'en ai moi-même connu un bon nombre qui se mettaient à braire quand ils croyaient rugir.

Voici quelques-unes de ces phrases qui ont une origine douteuse, c'est-à-dire une origine autre, peut-être, que celui qui les a prononcées ou qui les présente comme siennes. Mon but n'est pas de fournir des réponses définitives (un projet que j'abandonne aux chercheurs), mais plutôt de soulever un doute sur l'auteur véritable de telles phrases. Je continuerai de croire qu'elles ne sont pas de tel ou tel personnage aussi longtemps que quelqu'un ne fournira pas la preuve irréfutable que je fais erreur, que l'orateur a vraiment formulé et écrit lui-même la phrase ou les mots qu'on lui attribue. Je sais d'une longue expérience que, surtout en politique, on est souvent incapable de pensées aussi remarquables, ni de phrases aussi bien tournées.

Tous en conviennent, le Président John F. Kennedy était un excellent communicateur. Encore aujourd'hui, il suscite l'amour et l'admiration des Américains. Et ce, en dépit du fait qu'il n'aurait pas écrit lui-même (sauf certaines pages) le livre *Profiles in Courage* pour lequel on lui a attribué le prix Pulitzer en 1957. Selon plusieurs contemporains, le principal auteur aurait plutôt été son rédacteur de discours, Theodore Sorensen. Mais la question ici est plutôt de savoir s'il est lui-même l'auteur de la phrase célèbre qu'il a prononcée dans son discours inaugural du 20 janvier 1961.

Ask not what your country can do for you, ask what you can do for your country.

Selon un journaliste du nom de Chris Matthews, la phrase ressemble étrangement à un dicton du proviseur du pensionnat de J. F. Kennedy: «Celui qui aime son université se demandera toujours, non pas

"Que peut-elle faire pour moi ?" mais "Que puis-je faire pour elle?"». Mais ceci ne constitue une preuve ni fiable ni définitive.

Une autre histoire amusante, mais non concluante elle non plus, met en cause une fois de plus Theodore Sorensen. Il avait participé aussi à la rédaction du discours inaugural de 1961 et aurait affirmé catégoriquement que la fameuse phrase était de Kennedy lui-même. Mais plus tard, pressé de questions sur l'origine de la même petite phrase, il aurait répondu d'un air entendu:

Ask not!

Il est difficile de concilier dans son esprit, d'un côté le comportement du grand tombeur de femmes qu'était J. F. Kennedy et de l'autre, la noblesse et la grandeur d'un président qui fait appel au sentiment patriotique des Américains. C'est un peu comme si un bûcheron s'exclamait: «Je pense, donc je suis»! Entre lui et la phrase, la distance paraît trop grande. Quoi qu'il en soit, les historiens arriveront peut-être à établir un jour l'origine exacte de la phrase. Par exemple, en exhibant l'ébauche du discours écrit de la main même du président.

La question se pose avec moins d'acuité au sujet de la non moins célèbre phrase du pasteur King, prononcée le 28 août 1963, alors qu'il se trouvait sur les marches du monument à Lincoln, à New York.

I have a dream, répéta-t-il souvent.

Dans ce cas (et c'est un renseignement précieux qu'on ne trouve que rarement), King a rédigé son discours avec l'aide de deux hommes, Stanley Levison et Clarence Benjamin Jones. On ne sait toujours pas, cependant, de qui est la petite phrase. On ne sait même pas si elle faisait partie de son discours écrit ou si, emporté par le feu du moment, King l'a improvisée spontanément en parlant. Ce qui est tout à fait possible.

Au Canada, beaucoup se souviennent de la boutade du premier ministre Pierre E. Trudeau, alors qu'il s'adressait au Press Club de Washington, le 25 mars 1969.

Living next to [the United States] is in some ways like sleeping with an elephant. No matter how friendly or even-tempered is the beast, if I can call it that, one is affected by every twitch and grunt.

Il y a un doute sur l'origine de la phrase. Serait-il utile que quelqu'un vérifie, s'il est connu, le nom du *speechwriter* qui, peut-être, a rédigé ces mots mémorables ? Vaudrait-il mieux, au contraire, continuer à fermer les yeux et laisser tomber ?

En revanche, il est certain que la phrase suivante porte la marque incontestable de l'esprit de Jean Chrétien, et ne saurait être de personne d'autre que lui. Il l'a prononcée en discutant du rôle du Canada et des États-Unis dans la guerre en Irak, qui a commencé en mars 2003.

I don't know... A proof is a proof. What kind of a proof ? It's a proof. A proof is a proof, and when you have a good proof, it's because it's proven.

Ne riez pas : cet homme était alors premier ministre du Canada ! Cette étonnante déclaration de sa part n'est pas unique, mais un exemple parmi beaucoup d'autres. Elles étaient en fait si nombreuses que le journaliste Pascal Beausoleil a publié, en 2000 et

2001, plusieurs recueils de ce qu'il appelait des *chré-tienneries*, c'est-à-dire des bévues, des sottises verbales commises par le grand homme.

Le premier ministre Chrétien n'aurait jamais donné cette célèbre définition d'une preuve s'il avait eu en sa possession un texte préparé à son intention. Mais peut-être que, ce jour-là, le rédacteur était malade et n'a pu lui donner les phrases qui l'auraient sauvé du ridicule. Peut-être aussi que le discours est resté dans la poche intérieure de son veston. Enfin, peut-être qu'il a interjeté cette phrase au cours d'une entrevue impromptue (les plus dangereuses de toutes!) et qu'il a dû s'accommoder des moyens du bord qui, comme on peut le voir, furent nettement insuffisants.

Quoi qu'il en soit, vers la fin de son mandat, son incohérence ne pouvait plus se dissimuler et contaminait même son vocabulaire et sa syntaxe. Elle compromettait aussi sa crédibilité auprès de la population et son aptitude à gouverner le pays. Ce dont le Canada anglais ne s'apercevait pas. Ou plutôt, il feignait de ne pas s'en apercevoir et contribuait à le maintenir au pouvoir. Car il voyait en lui l'homme de main idéal face au nationalisme québécois qui, à ce moment-là, était vigoureux et menaçant. Les anglophones avaient raison: grâce à lui, ils évitaient de s'associer de trop près à des décisions et à des gestes peu honorables ou peu populaires. Comme la fameuse nuit des longs couteaux de novembre 1981 ou encore la *Loi sur la clarté référendaire* de mars 2000.

Une autre phrase célèbre remonte au règne du premier ministre Diefenbaker, un conservateur en provenance de l'Alberta, cette fois.

What's a million?, aurait demandé le ministre libéral C. D. Howe, un adversaire redoutable et influent de Diefenbaker.

Dans les faits, ces mots abusifs ne furent jamais prononcés. Ils furent plutôt inventés de toutes pièces, par pur opportunisme politique, de manière à nuire à la réputation de C. D. Howe.

En 1945, le ministre C. D. Howe se défendait en Chambre contre les attaques des conservateurs, qui soulignaient le coût exorbitant (1,365 milliard!) exigé du Trésor canadien pour l'effort de guerre. En colère, Howe déclara que supprimer la somme d'un million de son projet de loi sur les dépenses militaires n'était pas une question bien importante, en comparaison de l'ensemble du budget demandé. (*I dare say my honourable friend could cut a million dollars... but a million dollars from the War Appropriations Bill would not be a very important matter.*)

Dès le lendemain de cet échange, Diefenbaker se mit à déformer les paroles de Howe et à leur donner un autre sens : la somme d'un million de dollars était si minime qu'elle ne valait pas la peine de s'en occuper. Cette petite trahison donna lieu à de nouvelles querelles verbales. Les élus conservateurs, les journalistes et bientôt tout le monde se mirent à interpréter, chacun à sa manière, la phrase du ministre libéral. Rapidement, l'expression lapidaire « *What's a million?* » s'imposa et fit fortune, même si elle était complètement fausse et que Howe n'avait jamais posé cette question.

Aujourd'hui encore, plus de soixante-cinq ans après ces événements, les gens se servent de la petite phrase interrogative dans le langage de tous les jours. Ils veulent indiquer, ironiquement bien entendu, qu'une somme d'argent pourtant considérable n'a, à leurs yeux, qu'une importance négligeable. Nouvelle preuve qu'en politique, tout est possible : le vrai devient faux et le faux devient vrai.

Une dernière phrase célèbre (il s'agit en fait de tout un paragraphe!) vient d'un ancien député conservateur du district électoral de Crowfoot, en Alberta. Malheureusement, il ne reste rien de ses mots exacts, sauf peut-être dans les archives secrètes de l'État, à Ottawa. Il en reste cependant le sens et l'esprit. Ensemble, ils constituent le témoignage le plus remarquable et le plus désopilant du niveau que peut atteindre une bévue politique.

En avril 1977, le député conservateur en question traversa la Chambre, dans un geste aussi inattendu qu'éclatant, pour se joindre au parti libéral. Afin de le récompenser de son geste, le premier ministre Trudeau le nomma rapidement ministre de l'Industrie et du Commerce. Une responsabilité peut-être trop lourde, puisque le nouveau ministre n'avait pas une grande expérience des affaires qui lui étaient confiées.

Durant les jours précédant une réunion fédérale-provinciale convoquée par ce nouveau ministre fédéral, un rédacteur fut chargé, comme d'habitude, de préparer son discours. Pas question, en effet, de le laisser présider la rencontre sans lui fournir une feuille de route précise. La tâche était difficile, puisqu'il fallait concilier les intérêts divergents des provinces et, surtout, du Québec qui, l'année précédente (en 1976), avait porté au pouvoir le Parti québécois de René Lévesque, premier gouvernement ouvertement séparatiste au Canada. Plusieurs hauts fonctionnaires fédéraux d'expérience vinrent en aide au rédacteur, de manière que le ministre adopte un ton juste et modéré face à la situation délicate.

En préparant le discours, on décida de tenir compte de la présence redoutée et de l'opposition probable des représentants québécois. On inséra donc dans le texte, en majuscules, des mots à l'intention du ministre seulement. Donc des mots qui, bien sûr, ne devaient pas être prononcés en public. Ce texte, dans sa version anglaise, disait, en esprit, à peu près ce qui suit:

VOUS DEVEZ OFFRIR À CHAQUE PROVINCE UN PROGRAMME FÉDÉRAL ET UNE AIDE FINANCIÈRE IDENTIQUE. CEPENDANT, IL SE POURRAIT QUE LA DÉLÉGATION QUÉBÉCOISE S'OPPOSE AU PROJET ET QU'ELLE RÉCLAME LE VERSEMENT DIRECT DES FONDS PRÉVUS DANS CE PROGRAMME, DE MANIÈRE QU'ELLE PUISSE LES UTILISER COMME ELLE L'ENTEND.

DANS CE CAS, VOUS POUVEZ LAISSER ENTREVOIR, SANS POURTANT VOUS ENGAGER EXPLICITEMENT, QUE DES ARRANGEMENTS PARTICULIERS SONT POSSIBLES. IL VOUS SUFFIRAIT DE CONVOQUER PLUS TARD UNE RÉUNION BILATÉRALE AVEC LES REPRÉSENTANTS QUÉBÉCOIS. UNE TELLE STRATÉGIE DEVRAIT LES SATISFAIRE DANS L'IMMÉDIAT ET NOUS DONNERAIT LE TEMPS DE PRÉPARER UNE CONTRE-PROPOSITION.

Erreur! Erreur naïve de la part du rédacteur de discours et de ses collègues. Ils auraient dû prévoir la gaffe ministérielle et l'informer autrement de la tactique fédérale proposée. Quoi qu'il en soit, le ministre lut tout le discours. Il lut également, sans broncher, la note confidentielle et en majuscules que ses fonctionnaires avaient intercalée dans le texte pour son information seulement, dévoilant ainsi publiquement la stratégie fédérale à l'égard du Québec.

Fou rire dans la salle. Fou rire des délégués québécois qui n'en croyaient pas leurs oreilles et qui n'arrivaient pas à contenir une hilarité contagieuse qui gagna bientôt toute l'assistance. De toute évidence, le ministre n'avait pas lu le discours qu'il devait prononcer. Ou encore ses proches conseillers ne l'avaient pas prévenu du précipice dans lequel il pouvait tomber. Dans lequel il tomba.

Il faut se méfier des bons mots et des phrases célèbres des grands hommes. Surtout quand ces grands hommes sont des politiciens. Il faut au contraire chercher discrètement à découvrir l'auteur véritable, qui n'est pas toujours ni même souvent celui qui les prononce et qui en tire profit.

LE TALON, LE NŒUD ET L'ÉPÉE

Les hommes inventent souvent des histoires à dormir debout auxquelles ils croient ensuite dur comme fer. Impossible de savoir qui, exactement, les invente : elles surviennent tout à coup dans la durée et dans la conscience collective, venant de nulle part, semble-t-il. Peut-être d'un poète de village. Peut-être de vieilles femmes au lavoir. Peut-être de guerriers réunis le soir autour d'un feu. Peut-être enfin du bon peuple anonyme. Quoi qu'il en soit, elles sont là, ces histoires. Il faut les accepter ou les rejeter. Si on choisit de les rejeter, cela ne les empêche nullement de continuer à exister. Pendant des années ou même pendant des siècles, elles survivent à toutes les attaques et à tous les démentis.

Vous connaissez la légende du talon d'Achille ? Ce grand guerrier de l'ancienne Grèce était fils du roi Pélée et de la nymphe Thétis. Pour le rendre invulnérable aux coups et aux blessures de la guerre, sa mère le plongea dans le fleuve magique appelé Styx. De peur d'échapper l'enfant dans l'eau profonde, elle le retint par le talon. Erreur fatale : cette partie de son corps non immergée dans le Styx resta vulnérable. Beaucoup plus tard, une flèche décochée par un ennemi nommé Pâris atteignit Achille précisément au talon et le tua.

Achille est peut-être le seul homme de l'histoire, sinon l'un des rares, à mourir d'une blessure fatale au talon. Ce qui soulève plusieurs questions. Ce héros grec a-t-il vraiment existé? Semble-t-il. Celui qui a tiré la flèche aussi? Peut-être. Est-il mort d'un coup si improbable? Ce n'est pas sûr, bien qu'au cours des siècles beaucoup de gens soient morts de causes tout aussi insolites et invraisemblables. Quelques exemples? L'écrivain américain Anderson mourut en avalant le cure-dent de l'olive de son cocktail Martini. Un Allemand du nom de Brandes a accepté d'être dévoré par son compatriote, Armin Meiwes. Le chanteur anglais Relf est mort électrocuté par sa guitare électrique. Un Américain de l'État de Washington nommé Pinyan est décédé après avoir été sodomisé par un étalon. Il y a des centaines d'histoires semblables. Alors, mourir d'une flèche au talon n'est pas aussi invraisemblable qu'on peut penser!

On peut supposer que, peut-être, Achille a saigné jusqu'au bout de son sang, l'artère du pied tranchée par la flèche. Ou encore qu'elle était empoisonnée avec du venin de serpent ou de scorpion. Ou enfin qu'une infection microbienne de la blessure a emporté le héros, que le mauvais sort avait fait naître deux mille ans avant la découverte des antibiotiques.

Mais ce n'est pas vraiment ce qui nous intéresse, n'est-ce pas? Nous voulons plutôt savoir pourquoi et comment cette légende (si c'en est une) a survécu pendant plus de vingt siècles. Et ce, malgré des difficultés de transmission si énormes qu'on s'étonne de voir que, née dans l'*Illiade* d'Homère, elle a échappé aux mille dangers du passage du temps pour se retrouver finalement dans notre vingtième siècle, où elle se porte à merveille. On se le demande : quelle fascination émane de cette légende et pourquoi continue-t-elle de nous séduire encore aujourd'hui ? Et ce, malgré son invraisemblance et, disons-le franchement, son improbabilité. C'est qu'elle appartient au domaine intouchable du merveilleux.

La légende d'Achille est la preuve que les gens aiment bien qu'on leur raconte non seulement des histoires, mais aussi des contes de fées, des aventures farfelues, des mensonges authentiques et délibérés qui agrémentent leur quotidien et rendent leur séjour sur terre plus tolérable. Cette légende n'est d'ailleurs pas la seule à jouir de ce privilège mystérieux. Il y a aussi, entre beaucoup d'autres, celle du nœud gordien. Vous la connaissez ? À peu près ? Je vous la rappelle.

Ce mythe veut que le timon du char sacré de Gordias, roi de l'ancienne Phrygie, ait été lié par un nœud si complexe que personne n'arrivait à le défaire. La raison étant, semble-t-il, qu'il était impossible de trouver au moins l'un des deux bouts de la corde dont ce nœud était fait. Si quelqu'un était parvenu à le dénouer, il serait devenu, selon la prophétie, maître de l'Asie.

Un jour qu'Alexandre le Grand passait par Gordion, où était située la résidence du roi, il s'arrêta, examina le nœud, mais ne découvrit pas, lui non plus, comment le délier. Cependant, Alexandre étant le génie supérieur que l'on sait, il prit son épée et trancha le nœud, qui s'en trouva dénoué du même coup.

Personne avant lui n'avait pensé à une solution aussi simple, aussi admirable, aussi innovatrice! La prophétie s'accomplit : Alexandre devint maître de l'Asie.

Cette histoire m'a toujours laissé songeur. Plus encore que le talon d'Achille. Je n'arrive que difficilement à partager l'admiration de tous ceux (c'est-à-dire à peu près tout le monde) qui vouent un culte à Alexandre. En revanche, je me sens honteux d'avoir des doutes au sujet de son génie, si bien que je ne me confie à personne, gardant pour moi mon secret de non-croyant. D'autant plus que je sais fort bien qu'il s'agit là, une fois de plus, de ce qu'on appelle le merveilleux. Il ne faut donc pas prendre cette histoire au pied de la lettre, mais plutôt laisser un peu de place pour le sourire amusé et même sceptique.

Il me semble que tous ceux (y compris le grand Alexandre) qui tentaient de dénouer le nœud du char de Gordias auraient dû être soumis à des règles identiques. Il aurait donc fallu prévenir tous ceux qui aspiraient à devenir maîtres de l'Asie qu'on pouvait non seulement défaire le nœud, mais aussi le trancher, si on voulait. Mais personne n'a informé personne. Et comme il arrive si souvent dans la vie, les grands de ce monde jouissent de droits et de privilèges inaccessibles au commun des mortels. De sorte qu'ils ont l'assurance et la possibilité de devenir encore plus grands qu'ils le sont déjà! Alors que les petits, qui n'ont droit à aucun privilège semblable, demeurent petits tout au long de leur vie. Si Ti-Jean avait eu la bonne idée, tout comme Alexandre, de couper le nœud gordien d'un coup d'épée, il est probable que le roi Gordias lui aurait aussi fait couper la tête. Et adieu à la prophétie!

J'en conviens, ce sont là des réflexions tout à fait futiles et inappropriées. Quand il s'agit de merveilleux, il ne faut tenir compte ni de justice ni de vraisemblance. Son seul but est d'amuser, d'éblouir et de convaincre. Le bon sens? Il est incompatible avec le merveilleux et chacun a la responsabilité de suspendre provisoirement son application!

Tout ceci m'amène à parler d'Excalibur. Une épée, elle aussi. Et pas n'importe quelle épée! Aussi merveilleuse que celle qui trancha le nœud gordien. Peut-être davantage! C'était celle d'Arthur, roi de Bretagne. Vers le début du sixième siècle, il aurait organisé la résistance de son pays contre les envahisseurs germaniques qu'étaient les Saxons (ce dernier nom qui signifie justement: *épée*!).

La légende veut que, pour mettre fin à la discorde chez les nobles bretons, qui convoitaient tous le trône royal, le magicien Merlin leur proposa de retirer d'une stèle de granit une épée qui y était mystérieusement enfoncée. Sur la lame, on pouvait lire que celui qui y arriverait deviendrait roi de tout le pays. Aucun des chevaliers de Bretagne ne réussit, sauf le jeune Arthur, qui, Dieu sait pourquoi! retira l'épée avec facilité. Il devint alors roi du pays et propriétaire d'Excalibur, cette fameuse épée qui pouvait trancher n'importe quoi (elle aurait donc pu trancher le nœud gordien!) et dont le fourreau rendait son porteur invincible. Pourquoi le fourreau et non l'épée elle-même? La légende ne le dit pas.

Selon plusieurs versions différentes, Arthur mit sur pied, dans le château de Camelot, l'ordre célèbre des Chevaliers de la Table ronde, dont faisaient partie des nobles bretons. Parmi eux se trouvaient Lancelot, Galaad et le magicien Merlin. Arthur devait à ce dernier l'épée Excalibur, source de son pouvoir. Ce sont ces chevaliers nobles qui partirent un jour à la recherche du saint Graal. C'est en particulier Lancelot, qui finit par avoir avec Guenièvre, épouse du roi Arthur, une liaison qui entraîna la chute du royaume. Preuve que, malgré tous ses pouvoirs, Excalibur ne put empêcher Arthur d'être cocufié par sa reine et par son chevalier le plus loyal. Rien de neuf sous le soleil…

Encore le merveilleux! dira-t-on. Sans doute. Et ce qu'il y a de remarquable dans le merveilleux, c'est qu'il s'agit le plus souvent de faits d'armes et, surtout, de guerres entre les peuples. Comme si seules les guerres valaient la peine d'être racontées et retenues par l'histoire. Tout le reste des phénomènes sociaux (mœurs, découvertes, mariages, funérailles, vêtements, nourriture, arts, etc.) passe au second rang, comme ayant peu ou pas d'importance. L'humanité serait insignifiante, n'était sa passion innée et insatiable pour la violence, dont la guerre, qui est sa plus parfaite expression et qui occupe une place de choix dans l'histoire.

Pour devenir, pour exister, le merveilleux exige aussi le passage du temps. Il vit du passé et dans le passé. Plus il se rapproche du présent, plus il faiblit et menace de disparaître. Il survit mal ou pas du tout au bon sens, à la preuve scientifique, à l'exercice de l'intelligence, à la logique la plus élémentaire. Ce qui n'empêche nullement les humains de continuer à rechercher partout le merveilleux. Dans les horoscopes, dans les boules de cristal, dans la figure de Bouddha aperçue dans une croustille, dans la mort de la princesse Diana, dans le mariage de Kate et de William, dans les prédictions de fin du monde, dans les écrits de Nostradamus, dans les séances de conversation avec les défunts, etc.

Malheureusement, le merveilleux contemporain n'est ni souvent ni longtemps au rendez-vous. Il se manifeste parfois, mais brièvement et faiblement. Par exemple, dans les apparitions d'Elvis Presley, de Big Foot et du monstre du Loch Ness, et dans la chute d'un extraterrestre à Roswell, au Nouveau-Mexique. Mais ce merveilleux n'est pas assez convaincant pour emporter l'assentiment du plus grand nombre, ni pour survivre longtemps dans la mémoire des gens. Au contraire, ils font sourire les sceptiques et rire les incroyants. Alors que les légendes séculaires du talon d'Achille, du nœud gordien ou de l'épée Excalibur continuent d'émerveiller.

MOTEURS

J'ai dit un jour à mon amie Henriette que le moteur sous toutes ses formes était, à mon avis, une des plus grandes inventions du monde, pas très loin derrière la roue, avec laquelle, d'ailleurs, il a des affinités. Et que personne n'en avait jamais fait un éloge suffisant, de sorte qu'encore aujourd'hui on lui témoigne trop peu de considération. Henriette m'a regardé avec le drôle d'air qu'ont les gens étonnés, qui hésitent à décider s'il s'agit d'un mot d'esprit ou si l'interlocuteur est en train de se payer leur tête. À moins qu'il n'ait complètement perdu la boule!

Il est vrai qu'Henriette ne s'y connaît pas du tout en moteurs. Elle sait tout de même qu'il y en a un dans sa voiture et que c'est lui qui l'entraîne vers l'avant. Elle soupçonne que c'est également lui qui l'entraîne vers l'arrière! Mais ses connaissances s'arrêtent là. Je crois même pouvoir affirmer, sans grand risque d'erreur, qu'elle n'a jamais eu la curiosité de regarder ce qu'il y avait sous le capot. Ce en quoi elle n'est pas la seule: une foule d'hommes n'ont qu'une vague idée de ce qu'ils entendent ronronner quand ils appuient sur l'accélérateur. Cette méconnaissance explique peut-être pourquoi on a si peu d'estime pour cette merveilleuse invention.

Est-il vraiment nécessaire de bien connaître les organes et le fonctionnement d'un moteur de voiture pour s'en servir efficacement? Non, bien sûr! Pas plus qu'il ne faut connaître ceux qu'on a installés dans une locomotive, un avion ou un paquebot. Mais peu de gens sont propriétaires d'une locomotive, d'un avion ou d'un paquebot. En revanche, la plupart possèdent une voiture qui est bien à eux, dont ils se servent tous les jours et qu'ils doivent faire vérifier régulièrement par un mécanicien. Ce qui fait qu'il est tout de même utile de s'y connaître un peu en mécanique automobile, ne serait-ce que pour éviter les factures outrageusement gonflées que tente parfois de vous refiler le garage du coin!

Il y a, bien sûr, une multitude de moteurs différents: électriques, thermiques, éoliens, à vapeur, à turbine, à réaction et à explosion. Ils fonctionnent à l'aide de carburants variés, du pétrole à l'alcool à l'ergol. La majorité des gens connaissent surtout les moteurs à explosion et les moteurs électriques, qui font partie intimement de leur quotidien. Il ne se passe pas de journée sans qu'un ou plusieurs de ces moteurs interviennent dans leur vie. Ils ne sont d'ailleurs pas toujours conscients que leur propre maison en compte un grand nombre et que, le plus souvent, ils fonctionnent silencieusement et à leur insu. Bien plus, certains moteurs ne s'activent qu'en saison, qu'à certaines heures de la journée ou que dans des situations précises. Certains ne démarrent jamais, sauf en cas de panne d'électricité.

Dans ma maison, j'ai compté de la cave au grenier au moins cinquante moteurs, ce qui est dans la moyenne élevée. Quarante-trois sont électriques, à partir de mon séchoir à cheveux jusqu'à mon taille-haie, en passant par mon moulin à café. Sept sont plutôt à explosion, dont deux hors d'usage, le coût de réparation dépassant le prix d'achat. Je les conserve malgré tout, par une sorte de négligence mêlée d'une tendresse qui se trompe d'objet! Je suis de ceux qui n'arrivent pas à se départir d'une belle pièce mécanique, soigneusement usinée, sans éprouver du regret ou même du remords. Mais qu'on se rassure, je ne suis pas obsessionnel! Je les jetterai bientôt. Dès le mois prochain peut-être...

Les moteurs qu'on possède ne fonctionnent pas tous en même temps. Mais il n'est pas rare d'en entendre plusieurs à la fois, surtout ceux dont le démarrage est automatique et n'exige pas l'intervention du propriétaire. Heureusement aussi, tous les moteurs ne sont pas défectueux au même moment, ce qui serait, hors de tout doute, une catastrophe majeure. Au contraire, ils cessent de fonctionner à intervalles irréguliers, habituellement le vendredi soir, c'est-à-dire au moment où les ateliers qui pourraient vous dépanner viennent de fermer leurs portes pour le week-end. Ce délai entre les pannes de vos moteurs vous donne un peu de répit, de sorte que leur entretien et leur réparation s'échelonnent sur plusieurs mois, parfois plusieurs années.

Si les moteurs électriques sont relativement fiables et durables, les moteurs à explosion sont, au contraire, imprévisibles et capricieux. Par pure méchanceté, ils vous lâchent au moment où vous ne vous y attendez pas. Sur la route, à l'heure de pointe ou encore le dimanche soir, quand vous tentez de quitter le camping pour rentrer en ville. Les moteurs à explosion des constructeurs automobiles contemporains sont heureusement plus costauds et plus raffinés. Grâce à eux, il ne vous arrive plus que rarement de devoir marcher jusqu'au prochain garage. À moins, bien sûr, que vous n'ayez pas tenu compte du témoin rouge qui clignotait au tableau de bord et que vous ayez parié avec vous-même que vous pouviez rallier la prochaine station-service avant la panne d'essence. Un pari que vous avez perdu.

J'expliquais tout cela à mon amie Henriette, d'une voix que je voulais modérée et convaincante. Un peu comme celle d'un bon professeur qui tente d'intéresser ses élèves en salle de classe. Mais Henriette prenait délibérément un air distrait et absent, se contentant de m'écouter d'une oreille et de me regarder d'un œil, et réservant toute son attention à ce qui se passait à la fenêtre. Je continuai courageusement à l'instruire sur les moteurs.

À l'époque des Romains, lui dis-je, le commerce entre les villes et les pays se faisait surtout par voie d'eau, d'un port à l'autre. C'était le moyen le plus efficace pour transporter rapidement de grandes quantités de marchandises, parfois très lourdes. Le problème, c'est que ce mode de transport favorisait surtout les côtes, privant l'intérieur des pays du même avantage. Les Romains, dit-on, ont compris assez tôt que la solution à ce déséquilibre était de construire des routes reliant les villes par terre et facilitant à la fois le commerce et le mouvement des armées.

Il manquait cependant un atout essentiel à leur coup de génie : le moteur, qui aurait décuplé, peut-être centuplé la vitesse, le volume et l'efficacité des déplacements et des transactions. Il ne fit son apparition que bien des siècles plus tard. Entre-temps, les habitants qui vivaient en montagne ou dans les plaines ne pouvaient compter que sur le cheval, le bœuf, la charrette et la marche à pied.

Au début du dix-huitième siècle, les locomotives et les véhicules à vapeur, suivis de près par les voitures à essence et les voitures électriques, commencèrent enfin à rouler. Ce fut le début d'une longue et lente révolution qui, en deux siècles, changea littéralement la face du monde, en particulier celle de l'Europe et de l'Amérique.

La conception et le perfectionnement de nouveaux moteurs et de nouveaux véhicules ont passionné un grand nombre de chercheurs, d'inventeurs et d'hommes d'affaires. Ils sentaient, aurait-on dit, qu'ils tenaient là une occasion unique non seulement de s'enrichir, mais aussi de laisser leur empreinte dans l'histoire. Deux exemples parmi d'autres viennent spontanément à l'esprit : Armand Peugeot et Karl Benz. Ils avaient en commun une seule vision : produire le moteur parfait dans le véhicule parfait.

Cette invention n'attirait pas seulement les hommes. Les femmes y voyaient aussi des avantages, notamment celui de posséder et de conduire un véhicule motorisé qui comblait dans une bonne mesure leur besoin légitime de liberté et d'indépendance. Il leur arriva cependant de pousser un peu trop loin cette ambition. Par exemple, la duchesse d'Uzès (de son vrai nom :

Marie Adrienne Anne Victurnienne Clémentine de Rochechouart de Mortemart!) eut l'honneur douteux d'être la première femme accusée d'excès de vitesse au volant : 15 km/h au lieu des 12 km/h maximums autorisés! Une véritable casse-cou!

Bien plus, le moteur (surtout le moteur électrique, cette fois) a contribué à soulager les foyers de l'esclavage des tâches ménagères quotidiennes. Les aspirateurs, les lessiveuses, les lave-vaisselle et les innombrables gadgets motorisés de la maison (en particulier ceux de la cuisine) facilitèrent et accélérèrent les travaux traditionnels et fastidieux. Les femmes retrouvèrent du temps libre dont elles pouvaient disposer à leur guise, ce qui coïncidait avec leur émancipation progressive dans d'autres domaines. Elles en profitèrent pour s'intéresser à des travaux plus valorisants et à des carrières plus gratifiantes, qu'une lente et lourde tradition avait jusque-là réservés aux hommes.

J'expliquais tout cela à mon amie Henriette qui, comme on le sait déjà, ne s'y connaît pas en moteurs et affiche à leur sujet la plus grande indifférence. Elle n'aime surtout pas que je lui parle d'eux. Je le fais donc le moins souvent possible. Cependant, il m'arrive d'en parler à quelqu'un d'autre en sa présence. Ce qu'elle n'aime pas non plus, estimant qu'il s'agit, en quelque sorte, d'une trahison ou même d'une infidélité à son égard.

Un jour qu'elle n'était pas là, j'ai acheté une motoneige toute neuve équipée d'un moteur à essence. Il ressemblait à un petit monstre noir et laid, dissimulé sournoisement sous un capot pourtant élégant. Il crachotait dans l'air et dans l'environnement d'effroyables quantités de monoxyde de carbone et d'autres déchets toxiques et nauséabonds. En apprenant mon extravagance, Henriette a piqué une telle colère que notre relation amoureuse a manqué de s'arrêter là. Heureusement, le bon sens a fini par l'emporter. Nous avons continué à nous fréquenter, malgré cette importante déchirure dans le tissu de notre amour. Mais le prix à payer a été assez élevé. En apercevant la motoneige, elle a tiré à bout portant.

— Pas question que je monte su' c't' affaire-là, a-t-elle juré d'un ton catégorique.

J'ai protesté aussitôt, en lui rappelant que je n'avais rien suggéré de la sorte. Elle m'a donné raison, mais en précisant qu'elle avait voulu mettre les choses au clair dès le départ. Elle avait aussi voulu tuer dans l'œuf toute invitation de ma part, toute tentative de l'amadouer, toute manœuvre dont le but aurait été de la faire s'asseoir sur cet engin.

Elle a tenu parole. Pendant qu'elle boudait, j'ai enfourché la motoneige pour une promenade en solo. Puis deux promenades. Finalement, je me suis livré pendant des heures à ce plaisir solitaire, jusqu'à ce que je déniche quelques compagnons prêts à entreprendre de plus longues randonnées. Henriette s'est sentie trahie face à mes nouveaux amis casqués, qu'elle appelait volontiers des abrutis. Elle était aussi irritée que je mette autant de temps, d'énergie et d'enthousiasme à des ballades motorisées en leur compagnie. Elle a recommencé à protester, invoquant des arguments nouveaux, inattendus, stupéfiants même, dont certains n'entraient en vigueur que dans notre chambre à coucher.

Sachant que j'avais pour la littérature et les livres une passion beaucoup plus grande que pour la moto-neige, Henriette m'a longuement expliqué qu'il y avait une incompatibilité naturelle entre la page blanche et la machine infernale. Selon elle, l'une excluait l'autre, de sorte qu'il fallait choisir entre les deux. Je devais donc cesser de rêver à une coexistence pacifique et harmonieuse entre mes deux passions et prendre cou-rageusement la décision qui s'imposait. Henriette a poussé l'argumentation jusqu'à me faire savoir que mes textes les plus récents sentaient l'essence et le pot d'échappement. Même le rythme de mes phrases, m'assura-t-elle, était saccadé, intermittent et irrégulier, semblable au son d'un gros moteur deux-temps qui tourne au ralenti.

Incrédule, je soumis le cas à un ami à moi, dont le jugement me paraissait fiable et objectif. Il examina avec minutie mes textes les plus récents, les comparant à mes écrits antérieurs, de manière à se faire une opi-nion équilibrée et éclairée. Puis, avec les précautions verbales qui s'imposaient, il me fit savoir que mes nou-velles moutures avaient en effet un arrière-goût d'huile à moteur et de gaz de combustion.

Il ajouta même que, pour plus de sûreté et d'objec-tivité, il avait consulté un éminent professeur de lettres dans une université de l'Ouest. Celui-ci avait appuyé son opinion. Il avait même griffonné une remarque dans la marge de mon manuscrit : « Évoque la course d'un piston et l'explosion d'une bougie d'allumage ».

Il faut savoir accueillir avec une humeur égale la défaite comme la victoire. Je me rendais bien compte que ma motoneige compromettait non seulement mes rapports avec Henriette, mais mettait aussi en péril le goût inné et sacré que j'éprouve pour l'écriture. Je cédai et vendis à perte la machine que je venais d'acheter. Ce qu'Henriette interpréta comme une victoire personnelle sur les moteurs.

Je continue cependant à les admirer secrètement, chaque fois que j'en entends tourner un quelque part dans le voisinage. Chaque fois que j'entends une Ferrari faire ses gammes sur une piste de course. J'éprouve alors un plaisir comparable à celui qui me saisit quand j'écoute plutôt le concerto pour flûte et harpe de Mozart.

Second regard

Je jette aujourd'hui un second regard sur *La vie secrète des grands bureaucrates*, que j'ai publié en 1989, il y a près d'un quart de siècle (... et sur son prolongement intitulé *Le petit monde des grands bureaucrates*, qui a paru l'année suivante). Un ouvrage aussi difficile à lire qu'il l'a été à écrire. Un livre assez noir que les francophones de ce pays ont à peine remarqué et qu'ils ont oublié rapidement.

Au contraire, pendant un bon nombre d'années, les anglophones de Toronto et, surtout, ceux de l'Ouest canadien ont continué à citer des extraits de la version anglaise : *The Mandarin Syndrome*. Ils l'ont fait à la radio, à la télévision et dans la presse, avec un plaisir aussi évident que méchant. Ils adoraient rappeler des phrases comme :

> Devant un obstacle, le premier instinct du grand bureaucrate sera de le nier. Puis de ne rien faire. Ensuite, de le contourner. Enfin, de revenir plus tard. Mais s'il est contraint d'y faire face et de le franchir sans plus attendre, alors il s'exécutera et passera par-dessous.

Ou encore :

> Le grand bureaucrate a appris à ses dépens, cela se sent, qu'il ne faut jamais se placer entre le chien et le poteau.

Aucun doute, ce livre téméraire abondait dans leur sens. Il existait alors, il existe encore aujourd'hui un fort courant antifédéral, surtout dans les Prairies et en Colombie-Britannique. Ces protestataires permanents ont acheté plusieurs milliers d'exemplaires du livre, ce qui m'a agréablement surpris. Ils en aimaient, disaient-ils, l'audace, l'humour et la hargne.

Plusieurs d'entre eux m'ont fait remarquer que mon livre était en fait un *death wish*, une expression qu'on peut traduire par «désir de mourir». Ils voulaient dire par là que j'étais certainement suicidaire et que, après une telle charge, même humoristique, contre la direction de la fonction publique fédérale, je devrais renoncer à ma carrière de fonctionnaire. Je n'arriverais pas, pensaient-ils, à survivre très longtemps dans le poste que j'occupais.

Ils avaient raison : je n'ai pas survécu ! Le grand bras invisible et secret des hauts fonctionnaires (encore plus puissant que celui de la pègre de Montréal !) s'est mis en mouvement et a fini par m'étouffer. Mais ce qu'ils ignoraient, c'est que, bien avant la parution de *La vie secrète*, j'avais déjà décidé de ne pas rester plus longtemps dans le milieu que je décrivais. Je cherchais depuis quelque temps, avec un certain empressement, une porte de sortie que le livre m'a aidé à trouver.

Ce livre n'attaque personne directement. Surtout, il ne nomme aucun haut fonctionnaire particulier. Obéissant aux conseils de l'avocat que j'avais alors consulté, j'ai voulu éviter toute affirmation et même toute allusion directe ou indirecte qui aurait pu entraîner une poursuite devant les tribunaux. En cela, j'ai vu juste : rien n'est arrivé.

Mais ce que je n'avais pas prévu, c'est que la haute fonction publique et ses membres poursuivent rarement, sinon jamais, un des leurs en justice. Comme la mafia sicilienne ou la 'Ndrangheta calabraise, ils disposent de moyens beaucoup plus puissants, efficaces et discrets pour écarter, punir et finalement étrangler celui qui sort du rang. En cela, ce sont eux qui ont eu raison.

Dès la parution du livre en librairie, la rumeur s'est tout de suite répandue que je voulais me venger du milieu où je travaillais et m'attaquer à la bonne réputation de mes collègues. Rien n'est plus faux, bien qu'il me faille admettre aujourd'hui que l'esprit de cet ouvrage, sa facture littéraire et l'anonymat systématique qui y règne donnent prise à une telle interprétation. Mais je n'ai jamais voulu m'en prendre à mes amis, je n'ai jamais voulu non plus me venger de qui ou de quoi que ce soit. J'avais un objectif plus élevé, me semblait-il. C'était d'exposer au grand jour cette énorme machine d'incompétence et d'injustice à laquelle je m'étais joint un peu par hasard, un peu par accident, mon intention première ayant toujours été de faire carrière dans le milieu universitaire.

Mon «objectif plus élevé» était noble, sans doute, mais aussi illusoire. Je ne me rendais pas compte que mon intervention ne changerait en rien la situation qui prévalait, ni le cours des événements. Le fonctionnarisme survit facilement à toute attaque et demeure exactement le même une fois l'incident passé. Après que le caillou a crevé la surface du lac et s'y est enfoncé, que les cercles concentriques créés par sa chute se sont dispersés et ont disparu, l'eau redevient plate et lisse, comme elle l'était auparavant.

Depuis, j'ai compris aussi que je souffrais alors, à mon insu, de naïveté aiguë. En rétrospective, il me semble que je suis arrivé dans la fonction publique comme une vierge en bikini se joint à un club de motards endurcis. Je n'étais aucunement préparé à faire face à cet univers bien huilé et bien rodé, où la morale, la vérité et la justice ne sont jamais des critères contraignants. Sauf dans des occasions rares et extrêmes, où le paraître revêt une importance exceptionnelle et où les règles orales ou non exprimées ont autant de poids, sinon davantage, que celles qu'on trouve sur papier.

Je suis longtemps resté médusé et estomaqué par ce milieu et n'ai jamais pu m'y acclimater tout à fait, même après y avoir séjourné plus de vingt ans. Tout au plus m'en suis-je accommodé. Encore aujourd'hui, je me sens mal à mon aise quand il me faut transiger avec de hauts fonctionnaires. Étant donné la connaissance intime que j'ai acquise de leur motivation habituelle et de leurs manières de procéder. À tort ou à raison, j'ai toujours le sentiment que ce qu'ils semblent être n'est pas ce qu'ils sont en fait. Que ce qui les anime est le plus souvent l'avantage personnel qu'ils espèrent tirer de notre rencontre, plutôt que la résolution de la question au sujet de laquelle j'ai pris rendez-vous avec eux.

Je m'impute à moi-même le quiproquo par lequel je me suis retrouvé dans la fonction publique, et aussi ce qui est arrivé par la suite. Et non aux divers ministères, organismes et commissions dont j'ai fait partie. Ni non plus aux différents intervenants avec qui j'ai eu à transiger. Pourquoi? Parce qu'ils sont ce qu'ils sont! Les vierges en bikini ne doivent pas se joindre aux motards avant d'avoir fait elles-mêmes une sérieuse expérience de la vie. *La vie secrète* est un témoignage de mon inexpérience et de ma candeur. C'est aussi l'expression de mon étonnement et de mon indignation devant les pratiques de la bureaucratie.

La matière de mon livre se présente sous forme de notules indépendantes enregistrées au jour le jour, que j'ai regroupées et classées après coup selon le sujet, de manière à assurer un minimum de logique et de cohérence. Chacune des réflexions qui s'y trouvent est le résultat d'une observation directe et immédiate, et non le fruit de mon imagination. Pas de création littéraire ici!

Quand je sortais d'une réunion ou d'un quelconque exercice où j'avais transigé avec d'autres hauts fonctionnaires, je m'arrêtais (sur le trottoir, dans un corridor, dans une salle d'attente, contre une borne-fontaine) et je notais sur un bout de papier un fait ou un comportement intéressant dont je venais d'être témoin. J'accumulais dans mon portefeuille ces notules brutes mais prises sur le vif. Le soir, je les mettais en ordinateur, en les complétant, parfois en les élaborant. C'est ainsi qu'est né *La vie secrète*.

Des sympathisants (étonnamment, la plupart étaient justement de hauts fonctionnaires fédéraux!) m'ont confirmé que, derrière l'humour souvent corrosif qui caractérise ce livre, il y a une vérité et une sincérité indéniables, palpables même. Cela s'explique en partie par le fait que j'étais moi-même haut fonctionnaire et que je savais de quoi je parlais. J'étais aussi témoin direct des comportements que je notais. Il n'y a rien dans ce livre que je n'aie vu, entendu ou observé moi-même. Bien plus, je n'étais pas seulement témoin ou spectateur, mais aussi participant.

J'avoue avec une certaine honte (avec une certaine satisfaction aussi, puisque la précision qui suit ajoute à la vraisemblance de ce que j'affirme) qu'avec le temps, j'ai plus d'une fois participé aux manœuvres et aux manipulations dont je parle. Par exemple, quand il s'agissait de rendre service à un bon ami. Ou quand il fallait assurer le succès d'une entreprise que j'avais à cœur. Comme chacun sait, le mal vient souvent, dans la vie, au secours du bien (et le bien au secours du mal!), étant donné la collusion permanente qui règne entre ces deux pôles.

Moi aussi, j'ai frappé certaines touches de mon clavier d'ordinateur que je n'aurais pas dû enfoncer. Moi aussi, j'ai donné quelques coups de téléphone que je n'aurais pas dû donner. Moi aussi, j'ai modifié les mots de quelques documents importants que je n'aurais pas dû retoucher. Pourquoi? Parce qu'il me fallait donner la preuve que je faisais partie de l'équipe et que je m'étais bien intégré au milieu. Il fallait que je fasse ce qu'en haut lieu on attendait silencieusement de moi. Chacun doit savoir vivre en société!

Je n'ai aujourd'hui aucune raison de croire que mon séjour dans la fonction publique y a changé quoi que ce soit. Plusieurs hauts fonctionnaires actuels m'en ont d'ailleurs donné l'assurance, en offrant à l'appui des exemples neufs et inédits, qui ne se retrouvent donc pas dans *La vie secrète*. Autre temps, autres acteurs, autres activités; même esprit, même démarche, mêmes résultats.

Les gens qui m'accompagnaient il y a quelques années n'étaient pas plus méchants, ni plus retors, ni plus machiavéliques que ceux qui les ont remplacés et qui sont là aujourd'hui. Je dirais même qu'à peu de choses près ils sont essentiellement les mêmes. Ils ont des corps différents, mais leur esprit collectif, lui, n'a pas changé. La tradition se maintient et se perpétue entre les générations de hauts fonctionnaires. Et ce, malgré les réformes inévitables, presque automatiques, qu'entreprennent ceux qui, souffrant d'enthousiasme et de bonne volonté, viennent d'être promus et entrent en fonction dans un nouveau poste.

Bien après la parution de mon livre, j'ai pu constater qu'un esprit semblable, comparable ou même identique régnait aussi dans d'autres institutions et d'autres établissements, à l'université et dans l'entreprise privée. Mais dans une mesure moindre, puisqu'elles ne sont le plus souvent que des étangs en comparaison avec la véritable mer que sont les fonctions publiques (fédérales, provinciales ou municipales), où tout se produit à une grande échelle.

Ce constat m'a permis d'apprendre encore. J'ai appris que ce n'est pas l'institution, quelle qu'elle soit, qui engendre les débordements et les excès de toutes sortes dont parle *La vie secrète*. C'est plutôt la nature humaine elle-même, avec ses innombrables faiblesses. Comme on dit parfois, «Là où il y a de l'homme, il y a de l'hommerie.» Cette nature humaine colore tout ce qu'elle touche et se retrouve dans toutes les institutions, à partir des mairies jusqu'aux parlements.

Je n'ai mis que peu de temps et d'effort pour pousser la réflexion encore plus loin. Ce n'était pas non plus les hommes et les femmes avec qui je travaillais dans la fonction publique qui étaient à juger ou à blâmer. C'était plutôt la présence continue et invisible du mal (ce petit mot semblera ici prétentieux, surtout aux yeux des penseurs professionnels, mais je n'en trouve pas de plus exact, ni de plus juste) qui, à des degrés divers, les affecte tous.

Ces gens-là côtoient quotidiennement un gouffre, un monde négatif dans lequel les meilleurs d'entre eux s'efforcent sans arrêt de ne pas tomber. C'est-à-dire la corruption, la malversation, le complot, la trahison, le magouillage (mettre ici tous les mots que contient votre dictionnaire des synonymes!)... Forcément, ils n'y arrivent pas toujours. Même les plus honorables finissent par y basculer à l'occasion. D'où cette déviation constante et habituelle dans leur comportement : ils semblent toujours penser et progresser de guingois, (comme s'ils marchaient à la manière d'un crabe ou qu'ils faisaient face à un vent contraire). Ils sont en butte à ce choix qu'ils doivent faire à chaque instant entre le bien pour tous et le bien pour soi.

Devrais-je répéter autrement ce que je viens d'écrire? Je le pense, au risque de paraître «philosophique». Quelle que soit l'activité humaine en cause, la corruption et ses nombreuses variantes sont toujours là, latentes ou actives. Elles sont là parce qu'elles font partie de l'humain. Elles ne sont ni exceptionnelles, ni occasionnelles, ni accidentelles. Au contraire, elles interviennent avec plus ou moins de succès chaque fois qu'une chance se présente. Et ce, depuis Homo erectus, l'homme de Néandertal ou celui de Cro-Magnon.

La corruption, la malversation, le complot, la trahison, le magouillage, etc. ne nous sont pas extérieurs. Ils font partie de nous intimement, au même titre que notre pancréas ou que notre gros orteil. Au lieu de les nier ou de les ignorer, il faudrait plutôt les reconnaître d'abord pour ce qu'ils sont, et ensuite faire le nécessaire pour gérer leur présence certaine. Il faudrait aussi cesser de s'étonner et de se scandaliser candidement quand ils se manifestent. En jetant les hauts cris et en réclamant une enquête publique ou une commission royale. Il faudrait en fait que la société se prenne en charge devant ce phénomène inévitable, qu'elle reconnaisse qu'il fait partie d'elle-même, qu'elle l'encadre, qu'elle le contienne et qu'elle apprenne à vivre avec lui le mieux possible.

J'ai pourtant deux regrets liés à la publication de *La vie secrète*. Le premier, c'est d'avoir invité la sous-ministre responsable de la Bibliothèque nationale au lancement du livre. Un geste qui, dans mon esprit, en était un de simple politesse. J'étais convaincu que cette femme considérable (qui était aussi ma très sympathique patronne) ne pourrait ou ne voudrait accepter l'invitation. À ma surprise, elle est venue! Devant les rires des invités qui lisaient déjà des extraits du livre, elle a compris, mais trop tard, qu'elle était tombée (bien malgré elle, bien malgré moi aussi) dans un piège. *La vie secrète*, en effet, avait de quoi l'embarrasser, puisqu'il s'en prenait non pas à elle, sans doute, mais à des gens comme elle (et moi!).

L'autre regret est lié à la version anglaise du livre, *The Mandarin Syndrome*. Dans les jours qui ont suivi la parution, aux presses de l'université, l'éditeur aurait reçu du recteur même un coup de téléphone fort embarrassant. Il était très mécontent, semble-t-il, que ce livre acidulé ait été publié par les presses universitaires et, surtout, sous sa gouverne. D'autant plus que les journaux en faisaient état abondamment. Peu de temps après, l'éditeur a quitté son poste pour une raison qui m'est inconnue. Je me demande depuis si son départ était de quelque manière lié à la parution du livre. J'espère qu'il est plutôt parti pour d'autres raisons, de son plein gré et sans y être contraint.

Généalogie

Nous éprouvons tous, à un moment donné de notre vie, le plus souvent vers le milieu de notre durée escomptée sur Terre, la démangeaison furieuse de savoir qui nous sommes, d'où nous venons, à quelle lignée d'ancêtres nous appartenons. Un sentiment voisin de celui que ressentent les enfants adoptifs, lorsqu'ils apprennent que leurs père et mère ne sont pas leurs parents biologiques. Ce qui fait naître chez eux mille questions pointues auxquelles, souvent, ils cherchent fiévreusement des réponses.

La différence entre les deux phénomènes, c'est que les enfants adoptifs entreprennent un jour des démarches pour identifier et, peut-être, retrouver leurs géniteurs immédiats. Alors que les généalogistes se lancent plutôt dans une recherche beaucoup plus large et beaucoup plus ambitieuse. Ils s'interrogent sur l'ensemble de leurs ancêtres et voudraient, s'ils le pouvaient, remonter aux sources mêmes de leur existence.

Pour quelques-uns, la recherche sur leur ascendance généalogique devient une passion qui les consume tout à fait et à laquelle ils consacrent le plus clair de leur temps libre. Ils ne veulent pas suivre en descendant le fil de la durée, puisqu'ils savent déjà qu'il mène à un cul-de-sac, c'est-à-dire à leur mort éventuelle. Ce qui les intéresse bien davantage, c'est de suivre ce fil en remontant, vers leur origine, afin d'apprendre à qui ils doivent le sang qui coule dans leurs veines.

Nous nous émerveillons en découvrant que nous devons l'existence à un incroyable cafouillis d'ancêtres qui, tous, ont contribué de quelque manière à créer l'être que nous sommes, avec son ADN, ses chromosomes et ses gènes. Ce cafouillis a donné naissance à des milliers d'individus uniques, dont les traits sont tous différents. Par exemple, chez telle ou telle personne, ce sera un menton proéminent, des yeux pers, une haute stature, des orteils allongés, une intelligence moyenne, un rire facile, une poitrine velue, des oreilles écartées, une peau sensible au soleil, un caractère affable, un esprit enjoué.

Une vérité incontournable nous atteint alors de plein fouet. Nous ne sommes pas, en tant qu'individus, le résultat d'une chaîne ordonnée d'éléments bien alignés et déjà prévus au départ. Au contraire, nous sommes l'aboutissement d'une série de coïncidences inscrites dans la durée, dans un lieu géographique, dans une rencontre fortuite, dans un acquiescement ou un refus, ou même dans l'air du temps. Nous sommes issus du hasard dans sa forme la plus pure ou, plutôt, d'une foire aux hasards que, en nous servant des outils que nous fournit la généalogie, nous n'arrivons que laborieusement et qu'imparfaitement à retracer et à cerner.

Pour ajouter à la difficulté, mille événements viennent brouiller, endommager ou détruire les vestiges généalogiques du passé. Ce sont, par exemple, les guerres et les incendies, qui font disparaître les registres paroissiaux ou municipaux et les répertoires de naissances, de mariages et de décès. À moins que ce ne soit simplement le passage du temps qui, tôt ou tard, finit par anéantir même les objets les plus durables et les connaissances les plus précieuses. Le résultat, c'est que, le plus souvent, nous ne pouvons remonter dans le temps plus d'une quinzaine de générations, soit quatre ou cinq cents ans, ce qui nous amène au début de la colonisation en Amérique du Nord.

Au-delà de cette période approximative, les données deviennent rares et peu fiables, quand elles ne sont pas tout à fait inexistantes. Pis encore, entre, mettons la seizième génération de nos ancêtres et l'homme de Cro-Magnon, c'est la nuit noire : nous ne savons pas, nous ne saurons jamais ce qui est arrivé. Ni de quel magma organique en fusion nous sommes issus. La seule certitude que nous ayons, c'est que nos chromosomes et nos gènes étaient déjà là, tout au moins en puissance, et qu'ils ont survécu à cette longue obscurité.

Vos antécédents génétiques passent-ils par les Vikings ou par les Ostrogoths ? Êtes-vous un descendant indirect d'Attila ou de Molière ? À moins que vous n'ayez plutôt du sang de Vercingétorix ou de la comtesse de Ségur, dont le lointain aïeul aurait été nul autre que Gengis Khan ! Reportons-nous un instant à l'histoire ancienne ou même à la préhistoire. Essayons d'imaginer tout ce sperme qui, pendant des siècles, a giclé à qui mieux mieux, à gauche et à droite. Des spermatozoïdes qui cherchaient à provoquer quelque part, n'importe où, une collision biologique, c'est-à-dire une naissance, une vie.

Mais revenons au présent ou, plutôt, au passé récent. Concentrons nos efforts sur les quatre ou cinq cents années pour lesquelles nous avons un accès relativement facile à des données généalogiques fiables. Fiables? En est-on sûr? En tout cas, on est passablement certain que les renseignements que l'on trouve dans les registres paroissiaux et municipaux sont dignes de confiance. D'ailleurs, on a aussi accès à un grand nombre d'ouvrages savants, comme le Dictionnaire généalogique de l'abbé Cyprien Tanguay ou la Base de données généalogiques des mormons. Ils nous permettent de faire avancer nos recherches et de vérifier nos découvertes.

Récemment, ma confiance en de telles sources d'information a été fortement mise à l'épreuve. En feuilletant un ouvrage sur l'histoire généalogique de ma ville, je fus étonné de lire qu'une tante à moi avait donné naissance à neuf enfants, alors que je savais pertinemment qu'elle n'en avait eu que six (ce qui est déjà bien suffisant!) Pourquoi lui en attribuer trois autres qu'elle n'avait pas portés? En discutant de cette affaire avec ma tante, elle m'avoua que, bien des années auparavant, elle avait consenti à reconnaître comme sien un bébé né de sa sœur célibataire. Une incartade qui, à l'époque, était inacceptable et impardonnable, puisque l'enfant avait été conçu hors des liens du mariage et qu'il mettait la mère dans l'embarras et sa famille dans la honte.

Un peu plus tard, cette même tante avait rendu un service semblable à sa propre fille, en portant sur le ventre, quand elle sortait dans la rue, un coussin arrondi qui faisait croire à une grossesse. Elle l'avait gardé jusqu'à l'accouchement de sa fille, après quoi elle l'avait enlevé en se déclarant la mère du nouveau-né. La ville lui avait donc attribué, à tort, deux naissances supplémentaires, ce que les registres confirmaient.

Pour ce qui est du neuvième enfant, appelé Thomas, ma tante n'avait pas la moindre idée des raisons pour lesquelles le document paroissial prétendait qu'il était d'elle. J'ai alors présumé qu'il s'agissait d'une simple erreur de compilation par les auteurs de l'ouvrage généalogique de la ville. À moins que, peut-être, cette tante ait tout simplement refusé de me mettre au courant d'une nouvelle incartade dont elle avait été témoin ou dans laquelle elle était elle-même impliquée. La vérité fuit à chaque instant et est parfois impossible à établir avec certitude!

Les conséquences de telles erreurs sont nombreuses et complexes. Les grands registres ou répertoires qui recensent les naissances du pays tirent presque toujours leur information de données paroissiales ou municipales, comme celles de ma ville. De sorte que toutes les inexactitudes non vérifiées ou non vérifiables que ces données contiennent passent pour des vérités incontestables, induisant en erreur tous les futurs généalogistes qui s'y reporteront. Elles compromettent aussi non seulement les ancêtres immédiats, mais également toute leur lignée. Surtout lorsque sont déjà morts les acteurs, actrices et témoins de tel ou tel événement qui, peut-être, auraient pu rétablir la vérité.

Autre conséquence: le père ou la mère (selon le cas) véritable d'un enfant naturel est rarement ou jamais reconnu ou mentionné dans les archives paroissiales. Pourtant, en tant que parent biologique, il ou elle représente un chaînon absolument essentiel à l'arbre généalogique qu'éventuellement quelqu'un pourrait tenter d'établir et qui les mettrait en cause. Les parents adoptifs d'un tel enfant sont peut-être riches, gentils et dévoués, mais, en généalogie, ils ne peuvent en aucun cas se substituer au lien du sang. Le résultat net, c'est que les parents biologiques qui ne reconnaissent pas leur enfant vouent à l'échec toute tentative d'établir ses antécédents familiaux. Sans compter que leurs noms ne paraîtront nulle part dans la lignée ancestrale, alors qu'il est impératif qu'ils y soient.

La difficulté de déterminer qui sont les géniteurs d'un enfant est parfois due à des causes autres que l'infidélité ou l'incartade sexuelle. Par exemple, il se pourrait que les parents biologiques d'un tel enfant soient morts de la grippe espagnole qui a ravagé le monde vers 1918. Il se pourrait aussi que le père ait été appelé sous les drapeaux et qu'il soit mort en Europe. Ou encore que la mère soit décédée en donnant naissance à l'enfant. Celui-ci, laissé pour compte, a peut-être été élevé ou adopté par un membre de la famille ou par un voisin, ce qui, avec le passage du temps, a pu brouiller les cartes et effacer la trace de ses parents biologiques.

Les liens du sang ne sont pas nécessairement brisés si l'enfant est né de parents appartenant déjà à la même famille. Dans le cas d'un inceste, par exemple, les père et mère de l'enfant sont de même sang ou de sang voisin, sans compter qu'ils peuvent avoir les mêmes grands-parents, les mêmes arrière-grands-parents, etc. Si une telle naissance constitue une fugue sur les plans religieux, moral et social, en revanche elle n'a que peu ou pas de conséquences sur le plan généalogique.

Cependant, si le père ou la mère d'un enfant naturel est de sang étranger (par exemple, si le père est le fils du voisin), il ou elle n'appartient donc pas au circuit familial. Et si, par surcroît, les père et mère ne sont pas reconnus comme les parents véritables et naturels dans les registres paroissiaux ou municipaux, alors il se produit un bris important dans le continuum généalogique. L'erreur ainsi engendrée se répercutera pendant des générations, selon l'époque plus ou moins récente où elle a eu lieu. Peut-être aussi ne sera-t-elle jamais détectée.

Un autre cas intéressant et tout à fait véridique est celui de cet ancien curé belge de la région de Montebello, au Québec, qui, souffrant d'alcoolisme, a omis pendant de nombreuses années d'inscrire au registre les naissances, les mariages et les décès. Il a de ce fait créé un trou béant dans les répertoires de sa paroisse. Les informations ainsi perdues sont difficile sou même impossibles à récupérer. Sauf peut-être par des moyens indirects et aléatoires, comme les actes des notaires et les procès-verbaux de la ville de Montebello et des villages environnants.

Plus simplement encore, il y a des cas nombreux où les conjoints sont infidèles l'un envers l'autre, soit en mariage, soit en union libre, soit autrement. Qu'on se reporte à l'époque des coureurs des bois ou des soldats postés en garnison. Ou encore à l'époque où les hommes «montaient au chantier» et s'absentaient de leur ferme ou de leur village pendant les longs mois d'hiver. Souvenons-nous enfin de la grossesse de Florentine dans le livre à succès de Gabrielle Roy, *Bonheur d'occasion*. Toutes des situations qui favorisaient l'éloignement entre les couples et multipliaient les chances de dérapage sexuel, aussi bien de la part de l'homme que de la femme.

Des enfants naissent parfois de ces ébats amoureux et viennent ajouter aux difficultés généalogiques déjà considérables. Pour s'en convaincre, on n'a qu'à se reporter aux chansons populaires, qui témoignent d'un certain sans-gêne et même d'une certaine bonne humeur face à ces amours clandestins. Voici un extrait de *Monsieur l'matou*, de Vishten, un groupe de chanteurs acadiens.

> Bonsoir monsieur l'matou, comment vous portez-vous?
> Je m'y porte assez bien pour coucher avec vous [...]
> Montez, montez en haut, je monte derrière vous
> Et si l'mari arrive, où me mettrez-vous? [...]
> Il y a une couverte, je vous mettrai dessous.

Tout le monde connaît aussi la célèbre chanson d'Oscar Thiffault, *Le rapide blanc*, dont voici la dernière strophe:

> Après qu'il l'aie embrassé, ah ouigne hin in
> La bonne femme lui a demandé
> Ce qu'il voulait, ce qu'il souhaitait [...]
> Ah je voudrais madame
> Ah je voudrais bien m'en aller [...]
> Ah ben elle dit sacre ton camp ben hardiment
> Mon mari est au Rapide Blanc

> Y a des hommes de rien qui s'en vont pis qui s'en vont

> Y a des hommes de rien qui s'en vont pis qui font rien.

Mieux encore, on découvre avec étonnement, dans les vieux répertoires paroissiaux, des mentions qui piquent la curiosité. Certains enfants baptisés à l'église par le curé ont pour nom de famille les mots «naturel» ou «inconnu». On écrivait, par exemple, Robert Naturel ou Yvette Inconnue. Ce qui était un moyen poli d'admettre que le père ou la mère (ou l'un et l'autre) était introuvable, refusait d'être identifié ou ne pouvait être établi avec certitude. Bien entendu, les tests d'ADN n'existaient pas à l'époque, ce qui faisait qu'il était le plus souvent impossible de déterminer la paternité de l'enfant. Un véritable cauchemar pour le chercheur contemporain. Comment peut-il en effet vérifier et valider de telles naissances, qui menacent de faire s'écrouler tout l'échafaudage de l'arbre généalogique qu'il est en train de créer ?

Lorsqu'après de longues recherches j'eus terminé la généalogie directe de ma famille, je décidai de me reposer quelque temps sur mes lauriers. C'est alors que je tombai sur l'ouvrage volumineux de Robert-Lionel Séguin, *La vie libertine en Nouvelle-France au dix-septième siècle*. Il y parle abondamment d'une certaine Anne Lamarque qui, née en France près de Bordeaux, avait épousé au Canada, en 1666, François Testard de Folleville, lui-même né près de Rouen.

Bien avant 1680, Anne était cabaretière à Montréal. De mœurs très libres, elle avait la réputation d'attirer dans son auberge et de séduire les plus beaux mâles de la région. Un peu à la Catherine de Russie ! Ses contemporains affirmaient même qu'elle avait en sa possession un «livre de magie pour se faire aimyer des hommes», écrit Séguin. Ses extravagances étaient telles que le curé et un officier de justice décidèrent d'intervenir, avec témoins à l'appui, pour mettre fin à sa conduite immorale. «Accusée de vie scandaleuse et impudique, la Folleville comparaît devant le tribunal bailliager de Montréal le 20 juin 1682.» Leur intervention à tous ne semble avoir mené nulle part et l'accusée continua à vivre comme elle l'entendait. Au grand désespoir des bonnes familles qui, voyant leur fils débauché par la Lamarque, n'hésitaient pas à la qualifier de «bougre de putain».

Anne Lamarque... Ce nom me disait quelque chose. Je me reportai à ma propre lignée généalogique et fut stupéfait de l'y retrouver, elle et son mari, François Testard de Folleville. Mon ancêtre de la onzième génération était hors de tout doute la tenancière de cabaret dont parlait Robert-Lionel Séguin. Je n'étais pas particulièrement fier d'elle, quand je découvris un pot aux roses qui me rendit encore moins fier. Il fut établi hors de tout doute qu'Anne a donné naissance à neuf enfants. Mais Folleville, son mari, disait d'elle qu'elle «estoit de mauvaise vie et que de tous Ses enfants, Il ne croyait en avoir qun à luy».

Il faut dire que Folleville ne venait pas souvent à l'auberge où Anne, sa femme, exerçait son métier et que, tout compte fait, il était un peu cocu content. Tout au moins cocu résigné. Il semble d'ailleurs que lui-même reluquait d'autres jolies Montréalaises. Tout ceci explique sans doute pourquoi Anne, enceinte d'un nouvel amant du nom de Jean-Baptiste Cavelier, donna naissance en 1682 à une dernière fille appelée Marie. Or cette Marie, qui épousa en 1694 (à l'âge de 14 ans, dit Séguin) un certain Antoine Duquet, est justement la dixième aïeule de ma généalogie. Ce qui signifie, bien sûr, que si je descends directement d'Anne et de Marie, ainsi que de Jean-Baptiste Cavelier et d'Antoine Duquet, je n'ai aucun lien de sang avec le mari d'Anne Lamarque, François Testard de Folleville. Pourtant, c'est bien lui que les registres officiels donnent comme mon ancêtre!

Cette découverte tout à fait accidentelle m'a contraint de modifier mon travail généalogique: je biffai le nom de Folleville et le remplaçai par celui de Cavelier. J'y voyais d'ailleurs un avantage, puisque Séguin dit de ce dernier: «Le jeune Cavelier appartenait à une famille huppée de Montréal». Il était non seulement plus jeune qu'Anne, mais occupait aussi un rang social plus élevé. Une mince consolation!

Cette histoire m'a injecté une bonne dose de scepticisme et de prudence sur la fiabilité d'un arbre généalogique, quel que soit le soin qu'y met celui ou celle qui l'établit. Il est impossible de dire avec certitude si cet arbre est, dans toutes ses ramifications, exact et véridique. Impossible aussi d'affirmer que, sur une quinzaine de générations, il n'y a pas eu quelque part un écart de conduite qui a donné lieu à une naissance indésirée ou indésirable. Une naissance bien dissimulée que personne n'a encore pu ni ne pourra jamais détecter, et qui compromet la validité et l'utilité de l'arbre.

On peut même affirmer que, sur les quelques milliers d'ancêtres qui constituent un arbre généalogique, il y a de bonnes chances qu'il se soit produit une irrégularité, que quelqu'un ait «sauté la clôture», comme le veut l'expression populaire. Si tel est le cas, l'arbre généalogique n'est pas entièrement compromis, mais au moins une ou plusieurs de ses branches le sont certainement. Car une erreur, si petite soit-elle, se répercute et se multiplie de génération en génération et contamine sérieusement une ascendance.

Il faut être heureux de voir, étalées sur l'écran de son ordinateur ou autrement, les différentes lignées de ses ancêtres. Mais il faut aussi conserver en tout temps une saine méfiance et faire preuve d'une vigilance constante. Il faut enfin être lucide et ne pas espérer repérer la totalité des erreurs éventuelles ni des trous virtuels qui menacent tout travail sur ses ancêtres.

Égotisme

Roux

Il faisait beau, cet après-midi-là, et je trouvais agréable de déambuler et de me perdre dans les rues de Paris. Aucune course à faire, aucun objectif à atteindre, ce qui est toujours une source de stress dans cette ville rapide et très administrée. Je traversai la Seine par le pont d'Iéna et m'avançai jusqu'au Musée de l'Homme, tout près. J'y entrai par désœuvrement et me trouvai aussitôt devant une affiche énorme suspendue au plafond d'une aile latérale.

Les cheveux roux et les yeux pers sont des anomalies particulières et ne sont la caractéristique d'aucune race.

Le musée français venait de me décrire et de me placer en marge de l'humanité! Je n'étais pas d'un pays donné, mais de tous les pays. Je n'étais pas de race blanche, jaune, rouge ou noire, mais de toutes les races et d'aucune race. C'est en tout cas ce que j'ai cru comprendre. Je sortis du musée, heureux de mon unicité, malheureux de ma non-appartenance à un quelconque groupe humain.

Il n'est pas facile d'être roux. D'autant plus que, quand on l'est, on l'est pour longtemps. Pas question d'échapper à cet état en vous teignant les cheveux, puisqu'ils jureraient avec le reste de votre corps. Vous auriez toujours la pigmentation trop claire, des taches de rousseur sur les épaules et peut-être au visage, des cils et des sourcils restés roux, à moins que vous ne les coloriiez aussi au crayon. Même votre caractère et votre comportement seraient incompatibles avec des cheveux teints en brun ou en noir. Le premier venu découvrirait l'astuce et saurait que vous êtes un faux. C'est-à-dire un vrai roux.

D'ailleurs, pourquoi voudriez-vous cesser d'être roux? C'est une condition que la nature vous impose parmi bien d'autres. Si elle a des désavantages, elle a aussi des avantages. D'autant plus que vous n'êtes pas seul au monde. Consolez-vous à la pensée que bien des gens ont, sur leur chromosome 16, un gène récessif qui, lui, modifie votre protéine MC1R et provoque sa mutation. Voilà pourquoi vous êtes roux ou rousse. C'est simple, n'est-ce pas!?

Gène récessif? Vous voilà alarmé. Car ces mots laissent entendre que vous êtes habité par un gène qui n'est plus d'actualité, dont la date de péremption est passée et qui est à la merci et à la remorque d'autres gènes dits dominants. Rassurez-vous: il n'en est rien. Tout récessifs qu'ils soient, les gènes qui font de vous un roux sont là depuis la nuit des temps et ne sont pas près de disparaître. Par vos cheveux, vous faites partie d'une minorité vigoureuse qui se maintient dans le temps et, surtout, dans l'espace. Les roux sont de toutes les nations et recouvrent la Terre entière, des pays scandinaves jusqu'à l'Afrique profonde. Près de 2% de la population mondiale est rousse...

Ce qui veut dire que plus de 98 % de la population mondiale ne l'est pas! Les roux ne sont donc pas si nombreux, pensez-vous. Vous semblez ignorer que la qualité peut prendre la relève lorsque la quantité n'y est pas. En survolant l'histoire, vous vous rendez compte que de nombreux personnages célèbres étaient roux, en commençant par l'homme de Néandertal. Puis en passant successivement par le grand pharaon d'Égypte, Ramsès II, le roi hébreu David, Judas Iscariote, Marie Stuart, Winston Churchill, Bill Gates, le prince Harry, Obélix, Tintin et même certains loups-garous!

Il faut préciser que, s'ils sont partout répandus, les roux et les rousses sont plus nombreux dans les pays du Nord. Par exemple, chez les Celtes et les peuples germaniques. En Irlande, ils atteignent 10 % de la population, une proportion qui s'élève à 13 % en Écosse. À cause de l'immigration massive des peuples du nord de l'Europe vers l'Amérique depuis trois siècles, il pourrait y avoir aujourd'hui jusqu'à 18 millions de têtes rouges au Canada et aux États-Unis.

Malheureusement, les roux ont des lacunes et des faiblesses innées qui les rendent vulnérables à plusieurs problèmes. Leur peau blanche et marbrée par endroits de taches roussâtres fait qu'ils sont plus susceptibles aux insolations et à des cancers comme le carcinome et le mélanome. Leur chevelure, elle, est deux fois moins dense que celle d'une tête brune ou noire. Enfin, leur système immunitaire est souvent déficient et le nombre moyen de leurs spermatozoïdes est moins élevé que chez l'homme ordinaire. Ce n'est pas très encourageant!

En revanche, ils sont connus pour leur force, leur vigueur et leur vaillance. Ils ont aussi un tempérament passionné et un caractère bien trempé. Enfin, ils sont souvent perçus dans l'histoire comme des meneurs d'hommes appartenant à l'ancienne noblesse et comme de redoutables combattants. Le célèbre mur d'Hadrien construit par les Romains devait justement empêcher les attaques dirigées par les Highlanders, des guerriers souvent roux du nord de l'Écosse, contre les habitants du sud de l'Angleterre.

Aucun doute, les roux ont des qualités remarquables. Mais, en septembre 2011, elles n'ont pas empêché le réseau de banques de sperme du Danemark, appelé Cryos, de refuser désormais la semence des hommes roux. Pourquoi ? Parce que la demande est très faible, explique-t-on. Sauf en Irlande et en Écosse où, comme on le sait déjà, plus de 10 % de la population est rousse. Ailleurs dans le monde, les femmes et les couples préfèrent généralement les bruns aux yeux bleus.

Est-ce que dans la vraie vie, et non dans une banque de sperme, la préférence va aussi aux hommes bruns aux yeux bleus, plutôt qu'aux hommes roux aux yeux pers ? Impossible de répondre avec certitude, puisqu'il n'existe aucun indice fiable pour appuyer ou réfuter cette hypothèse. En revanche, on peut supposer que le choix des femmes et des couples sans enfant, qui cherchent un « donneur » dans une banque de sperme, reflète assez fidèlement ce que ces femmes et ces couples préféreraient dans la vie ordinaire. C'est-à-dire l'homme aux cheveux bruns et aux yeux bleus.

Par ailleurs, les femmes ne peuvent toujours avoir pour partenaire un grand brun aux yeux azurés. Un adonis « *tall, dark and handsome* », comme le veut l'expression américaine. Elles s'en remettent donc le plus souvent à celui que le destin a placé sur leur chemin, et qui sera peut-être un châtain aux yeux noisette. L'homme roux, lui, même s'il ne peut participer à la banque de sperme du Danemark, trouvera toujours moyen de plaire à la femme de son choix et de transmettre le gène récessif de son chromosome 16 modifié par la protéine MC1R.

Les rouquins, dont les cheveux varient du rouge bordeaux à l'orange clair, ne sont pas toujours bien perçus dans leur entourage, surtout quand ils sont encore des enfants ou des adolescents. Il arrive souvent, sinon très souvent, que les camarades laissent tomber leur prénom pour le remplacer par : *rouge, ti-rouge, ti-rouille, ti-red, ti-coq, rouquin, poil de carotte, etc.* Le ton est parfois jovial et amical, mais le sobriquet peut facilement se changer en plaisanterie ou même en méchanceté. Le roux en arrive à comprendre que ses cheveux font de lui un être à part, inhabituel, exceptionnel. Qu'il est différent de la majorité de ses amis. Ce qui ne l'avantage pas toujours.

La perception qu'on a des femmes rousses est bien différente. Leurs cheveux sont pour elles un avantage appréciable. Du moins lorsqu'elles atteignent l'âge adulte. Leur belle chevelure flamboyante, leur teint clair, leur forte présence ne laissent personne indifférent. Elles évoquent la sensualité, le mystère, le caractère, l'énergie. Les hommes sont particulièrement sensibles au charme de Québécoises comme Isabelle Boulay et Julie Snyder. De même qu'à celui de la célébrité américaine Lindsay Lohan et de l'actrice australienne Nicole Kidman, toutes deux de descendance irlandaise. Tout cela sans parler de la rousse Wendy des restaurants de *fast food* !

Il faut exclure, bien sûr, la grande vedette de cinéma, Maureen O'Hara (une Irlandaise aussi!), qui est maintenant trop vieille, et Fifi Brindacier (de son vrai nom : Fifilolotte Victuaille Cataplasme Tampon Fille d'Efraïm Brindacier), une rouquine suédoise qui n'existe que dans les bandes dessinées et les dessins animés. La couleur rousse est à ce point en vogue chez les femmes qu'il est parfois difficile de distinguer les rousses véritables de celles qui, cherchant à rehausser leur charme, ont plutôt recours à une teinture ou à une perruque!

Le monde des affaires et, en particulier, le fonctionnarisme récompensent généreusement les femmes et les hommes qui sont grands. De nombreuses études démontrent hors de tout doute que ceux qui ont de six à dix centimètres de plus que la moyenne gagnent un salaire considérablement plus élevé. Bien plus, ces mêmes études tendent à prouver aussi que les plus grands sont promus plus rapidement et plus souvent, de sorte qu'ils atteignent plus tôt les hauts échelons d'une hiérarchie.

Il n'y a d'ailleurs pas que les grands hommes ou les grandes femmes qui jouissent d'un avantage en comparaison avec les gens de taille moyenne. Il y a aussi les beaux hommes (ou les belles femmes, qui jouissent partout et depuis toujours d'un avantage indéniable sur leurs consœurs moins choyées par la nature). Selon une étude récente de l'Université du Texas, les personnes (sexes confondus) qui ont une belle apparence gagnent pendant leur vie jusqu'à 236 000 $ de plus que la moyenne des gens.

Si de tels avantages existent pour les hommes grands ou beaux (il n'est même pas question ici de la supériorité dont jouissent ceux qui sont à la fois grands et beaux!), il est probable qu'il y a des avantages parallèles ou comparables quand il s'agit de traits physiques autres que la grandeur et la beauté. Par exemple, la facilité de bien s'exprimer (comme chez l'ex-président américain Bill Clinton) ou la force musculaire (comme chez l'acteur et culturiste Arnold Schwarzenegger). Malheureusement, aucune enquête ne semble les avoir encore décelés ou découverts.

Il n'existe non plus aucune étude, semble-t-il, qui mesurerait les avantages ou les désavantages des roux dans des situations ou dans des milieux comparables à ceux des êtres grands et beaux. On est donc justifié de substituer à cette absence de données l'expérience personnelle qu'on peut avoir accumulée à ce sujet.

Les hauts fonctionnaires ont une forte tendance vers le stéréotype, vers la photocopie. C'est-à-dire qu'il existe dans leur milieu un standard uniforme (mais officieux) que chacun s'efforce de respecter et qui vaut autant pour le comportement que pour l'habillement. Le complet sombre, la chemise blanche ou pâle et la cravate de bonne largeur sont de mise en tout temps. Depuis quelque temps, il y a relâche: les vêtements sport et l'attitude décontractée sont permis une fois la semaine, le plus souvent le vendredi. Mais chacun demeure conscient que c'est là une exception tolérée, une déviation provisoire à une formule immuable.

On peut appliquer des règles comparables au comportement quotidien: ponctualité, entregent, gestes lents et dignes, réserve et politesse, égalité d'humeur, absence de rire excessif, esprit positif, etc. Bref, il existe un modèle officieux de l'homme d'affaires et du fonctionnaire contemporains. Un modèle qui tolère les exceptions, mais qui finit le plus souvent par les rejeter, par les expectorer.

Dans un tel contexte, que pensez-vous qu'il arrivera à votre personnage aux cheveux roux et au teint clair? Il arrivera ce que vous savez déjà: il aura des difficultés de comportement, il sera promu moins rapidement, il gagnera moins d'argent, etc. Il peut bien s'habiller comme il se doit et s'efforcer de ressembler à la photocopie originelle, mais toute sa personne est en porte-à-faux avec l'environnement dans lequel il baigne. Très évidemment, il sort du cadre traditionnel, comme l'oreille du loup sort du bonnet de mère-grand. Non qu'il le souhaite, mais il engendre cette situation du seul fait qu'il ne répond pas ou qu'il répond mal aux caractères non verbaux qu'impose la photocopie classique.

L'homme roux atteint son meilleur rendement quand il agit en solo et à l'air libre, loin des contraintes sociales – conscientes ou inconscientes – qui briment son unicité. Sans doute faut-il qu'il consente à vivre en société. Sans doute aussi faut-il qu'il le fasse volontairement et le mieux possible. Mais il doit le faire les yeux grand ouverts, parfaitement conscient de ce qui le distingue de son entourage et qui peut représenter pour lui un avantage ou un inconvénient. En tout autre temps, il doit fonctionner comme s'il était, lui aussi, un beau grand brun aux yeux bleus.

HÉRÉDITÉ

On considère aujourd'hui que Mendel, un moine autrichien, est le père de la génétique moderne. En 1865, il cultivait son potager quand il fit une découverte qui allait changer le monde. Il s'aperçut qu'en croisant plusieurs variétés de petits pois, les caractères héréditaires d'une espèce se transmettaient d'une génération à l'autre. Il nota aussi que cette transmission se faisait selon des lois précises, prévisibles et vérifiables, jetant ainsi les bases de ce qui est devenu une science incontournable.

Cependant, l'histoire est complaisante envers Mendel. Elle évite de rappeler que ses expériences étaient un peu boiteuses : il semble que lui ou ses collaborateurs ajustaient les données qu'ils recueillaient de manière qu'elles appuient et confirment la théorie qu'il avait déjà en tête. Ce qui, nous assure-t-on, ne diminue aucunement l'originalité et la valeur de ses travaux. Hors de tout doute, il a été un grand pionnier.

Les petits pois de Mendel rappellent une expérience différente, sans doute, mais comparable, qu'on trouve dans la Bible. C'est celle de Jacob, qui a compris aussi, bien avant l'Autrichien, qu'il existe des lois peu connues et même mystérieuses qui peuvent modifier la véritable nature d'un être vivant. Cette fois, c'est le règne animal qui est en cause, plutôt que le règne végétal. La Bible raconte donc (Genèse, 30) la curieuse histoire qui suit, dans laquelle Jacob tente de créer un troupeau de moutons différents et uniques.

> Jacob prit des branches vertes de peuplier, d'amandier et de platane; il y pela des bandes blanches, mettant à nu le blanc qui était sur les branches.
>
> Puis il plaça les branches qu'il avait pelées dans les auges, dans les abreuvoirs, sous les yeux des brebis qui venaient boire, pour qu'elles entrassent en chaleur en venant boire.
>
> Les brebis entraient en chaleur près des branches, et elles faisaient des petits rayés, tachetés et marquetés. [...]
>
> Toutes les fois que les brebis vigoureuses entraient en chaleur, Jacob plaçait les branches dans les auges, sous les yeux des brebis, pour qu'elles entrassent en chaleur près des branches. [...]
>
> Cet homme devint de plus en plus riche; il eut du menu bétail en abondance, des servantes et des serviteurs, des chameaux et des ânes.

Jacob était le petit-fils d'Abraham. Il devint plus tard le troisième patriarche du peuple hébreu. Il découvrit, suite à une observation semblable à celle de Mendel, qu'il était possible de modifier à son avantage la couleur de la laine des agneaux qui naissaient de ses brebis. Pour y arriver, il plaçait devant celles-ci, au moment de la conception, des branches dont il avait en partie enlevé l'écorce, laissant des rayures claires et sombres. Les agneaux qui naissaient d'elles, nous assure la Bible, étaient *rayés, tachetés et marquetés*.

Bien sûr, nous sommes encore loin de la culture en laboratoire d'une oreille humaine sur le dos d'une souris. Un tour de force réussi en 1997 par les chercheurs Jay Vacanti et Jeffrey Borenstein, spécialisés en transplantation d'organes au Massachusetts General Hospital, à Boston. Et loin aussi du célèbre clonage de la brebis Dolly, à Édimbourg, par les Écossais Keith Campbell et Ian Wilmut, en 1996. Mais il y a une corrélation indéniable entre ces différentes expériences.

Pour ma part, je suis avec intérêt l'avancement des recherches reliées de près ou de loin à l'hérédité. Je les trouve fascinantes, même si je me sens inapte à y contribuer d'une manière substantielle ou scientifique. Ce qui ne diminue en rien ma fascination, puisque je m'efforce d'appliquer à moi-même et à mon entourage les nouveaux éléments et les différentes découvertes qui font surface régulièrement dans le domaine.

Un seul exemple : mes ancêtres immédiats, ceux que je peux voir sur de vieilles photographies de famille, étaient des femmes et des hommes grands, forts, poilus. Des gens de la terre, aux cheveux et aux yeux sombres, qui travaillaient dur de leurs deux mains et de tout leur corps. Et qui s'amusaient ferme aussi, à ce qu'on m'a raconté.

Moi, le descendant, j'ai la peau très claire et la taille plutôt moyenne, sans compter que j'ai les yeux verts et les cheveux roux. Surtout, je manipule le stylo et le papier plutôt que la pioche et la charrue.

La ressemblance entre mes ancêtres et moi est donc faible, presque inexistante. C'est pourquoi je me demande quel spermatozoïde égaré m'a donné la vie. Ou encore, quel ADN tapi tout au fond de ma lignée a ressurgi tout à coup dans la durée et m'a sorti du néant. L'hérédité semble m'avoir fait faux bond, si bien que je dois chercher mes antécédents ailleurs que dans la génétique traditionnelle à la Mendel.

Durant mon adolescence, au moment où ma conscience s'éveillait, je tentais de mettre de la distance entre mes parents et moi. Je les aimais beaucoup, mais je ne tenais pas à avoir un nez semblable à celui de mon père, qui me semblait un peu aquilin et trop long. Ni non plus un nez comme celui de ma mère, qui était plutôt retroussé et camus. Je ne voulais surtout pas de sa nervosité permanente, qui lui causait des insomnies et des sautes d'humeur et lui mettait les nerfs à vif à propos de tout et de rien.

Je ne voulais pas davantage de la politesse et de la candeur excessives de mon père. Je rejetais aussi l'avarice, l'alcoolisme et les écarts amoureux de mon grand-père paternel, tout comme je me croyais bien loin du diabète dont souffrait ma grand-mère maternelle, de l'arthrose qui rendait pénibles les déplacements de mon autre grand-père ou de la faiblesse congénitale des tendons et des articulations des genoux chez plusieurs de mes prédécesseurs.

Pourtant, mes ancêtres n'avaient pas que des défauts. Ils avaient au contraire des qualités remarquables, comme la beauté et la séduction hollywoodiennes d'un oncle, qui lui attirait une nuée d'admiratrices. Le génie financier de mon grand-père coureur de jupons, qui s'enrichit rapidement en ne travaillant pas. La productivité peu commune de tout un clan qui, beau temps mauvais temps, hiver comme été, luttait sans relâche pour améliorer le rendement de leur ferme. La création d'une entreprise génératrice d'emplois qui, à elle seule, a sauvé de la misère des familles entières pendant la grande dépression économique de 1929. La force physique d'un frère de ma mère qui, de ses énormes bras, pouvait soulever l'avant d'un tracteur. La stature impressionnante de mon grand-père maternel qui, de sa seule présence silencieuse, imposait le respect autour de lui et lui assurait dans toute assemblée une place de choix. Le dévouement de ma seconde grand-mère, qui dépassait le cadre de sa famille et s'étendait à toute la paroisse. Enfin, la forte personnalité et l'ascendant de tous ces ancêtres qui, pendant plusieurs décennies, ont dominé leur entourage.

Que reste-t-il de tout cela? De cette énumération de défauts et de vertus, qui n'est d'ailleurs pas exhaustive? Je n'ai même pas fait allusion à ces ancêtres lointains et oubliés qui ont contribué à créer le bassin de traits génétiques dont je suis né. Est-ce que tous ces attributs physiques, intellectuels et autres, se sont retrouvés en moi en vertu des lois obscures et complexes de l'hérédité? Pas du tout! Ce qui m'est un soulagement quand je pense aux faiblesses de mes prédécesseurs. En revanche, je me souviens avec nostalgie et avec regret de leurs talents, surtout ceux que je n'ai pas reçus en partage.

Pourquoi, après le bref incident amoureux auquel je dois la vie, n'ai-je pas hérité du génie financier de mon grand-père, de la forte présence de l'autre grand-père, du sens du dévouement de ma grand-mère, de l'esprit d'invention et de la productivité du clan maternel? Pourquoi, plutôt, ai-je reçu des genoux fragiles, le goût inné des mots, l'inquiétude perpétuelle de ma mère et la gentillesse excessive de mon père? Et, pour coiffer le tout, le diabète! Tout s'est passé comme si, dans le grand wok de la vie, la cuiller à pot n'avait saisi qu'une petite quantité de ceci et de cela, laissant tout au fond du récipient bien des morceaux que j'aurais voulu avoir dans mon assiette génétique.

Mais je me devance. J'anticipe sur ce qui ne viendra que bien des années plus tard. Jusque dans la trentaine, mon plus grand désir était d'être moi-même et de ne ressembler à personne. Dans l'espoir de me distinguer de mon ascendance et d'affirmer mon unicité, je me suis appliqué à vivre ailleurs et autrement. Je me suis également livré à des expériences que mes prédécesseurs n'ont pas vécues et n'auraient sans doute pas approuvées. Je ne l'ai pas toujours fait de manière consciente, bien sûr, mais je me suis éloigné d'eux et me suis installé dans un milieu aussi différent que possible de celui qu'ils connaissaient. Comme si, à mon propre insu, j'avais voulu échapper aux lois de l'hérédité!

Longtemps, j'ai cru y être arrivé. Mais plus récemment, j'ai appris qu'on ne peut faire abstraction de ses ancêtres, ni choisir parmi eux ceux que l'on préfère et laisser tomber les autres. La génétique avait déjà pris pour moi des décisions irréversibles contre lesquelles je ne pouvais rien et dont je devais m'accommoder. En effet, qu'y avait-il de commun entre ces ancêtres à la fois forts et rustres, et cet intellectuel distingué et un peu hautain que je m'efforçais de devenir? Entre ces charpentiers, ces mécaniciens, ces éleveurs de bétail et moi, le professeur universitaire, le conférencier local, le fonctionnaire à peu près inconnu? Pour dire la vérité, je croyais vraiment avoir réussi, je pensais m'être émancipé de ce passé un peu terne, un peu quelconque. J'ai d'ailleurs vécu bien des années en pleine illusion, avec la conviction d'avoir fait un grand pas en avant, d'être devenu le fleuron de mon ascendance.

Un jour, ma seconde conscience, celle qui observe, évalue et critique la performance de ma première conscience, s'est mise à me donner des signes de désapprobation. Très subtilement d'abord, puis de plus en plus clairement. Tout a commencé un jour que j'attendais l'autobus au coin de la rue. En me tournant distraitement vers un chien qui jappait, j'aperçus mon ombre sur le trottoir.

C'était bien ma propre silhouette, mais j'ai cru un court instant que c'était celle de quelqu'un d'autre. J'ai cru en fait que c'était plutôt celle de mon grand-père coureur de jupons. Impossible, bien sûr! Il était mort depuis une bonne dizaine d'années. Mais à sa taille, à son tour de poitrine, à la courbure de ses épaules, à cette curieuse manière qu'il avait de tourner lentement la tête, ç'aurait pu être lui. La pensée me fit sourire. Les petits pois de Mendel... L'autobus arrivait.

Quelques semaines plus tard, nouvelle illusion. J'assistais à une réunion interne dans mon service et trouvais le temps bien long. D'autant plus que la rencontre, qui devait être brève, traînait en longueur, chaque participant insistant pour s'entendre parler. Le président de l'assemblée se tourna tout à coup vers moi et me demanda si j'appuyais la proposition qu'on venait de réviser. Sans trop savoir de quoi il s'agissait, je répondis à tout hasard:

— C'est ben mieux comme ça!

Petite phrase magique qui sembla satisfaire le président. Il ne savait pas, il ne pouvait pas savoir qu'inconsciemment je plagiais mon père, à qui ces mots appartenaient exclusivement. Cet homme résolument optimiste et conciliant avait passé sa vie à convaincre les autres et lui-même que ce qu'on venait de dire ou de faire était préférable à tout ce qu'on avait pu dire ou faire auparavant. Il répétait donc à qui voulait l'entendre: «C'est ben mieux comme ça.»

Nous sommes loin ici des petits pois de Mendel. Mais tout de même, je constatais une curieuse filiation, même au niveau des mots. Des expériences semblables se multiplièrent et commencèrent à attirer sérieusement mon attention. Que se passait-il?

En décrochant le récepteur, je m'identifie rapidement. Puis j'entends une voix qui dit en hésitant:

– Allô? C'est ben Maurice?

– Oui, c'est moi.

– Icitte, c'est ta tante Emma. Tu sais, j'aurais mis ma main au feu que c'était ton oncle Jean-Paul qui parlait. Vous avez exactement la même voix. C'est pas toi, Jean-Paul, qui est en train de me jouer un bon tour, j'espère!

Je l'assurai que non. Je n'étais pas Jean-Paul. Je ne plaisantais pas. S'il y avait plaisanterie, c'était peut-être la faute de l'hérédité, qui faisait que la voix de Jean-Paul et la mienne avaient des résonances et des modulations si semblables qu'Emma avait pu s'y tromper.

À partir de ce moment-là, je me mis aux aguets, cherchant en moi et autour de moi d'autres signes qui auraient confirmé mon appartenance irréfutable à ma lignée d'ancêtres. En peu de temps, je recueillis bon nombre de similitudes troublantes. Bien sûr, il y avait des exceptions, surtout parce que chaque génération apporte, par le mariage ou par l'union libre, du sang neuf et étranger à une descendance. Sans compter que l'hérédité n'est pas la seule explication plausible à des ressemblances entre individus de même sang. Il faut savoir reconnaître aussi, par exemple, l'acquis, qui vient plutôt de l'apprentissage ou de l'imitation. Mais dans l'ensemble, mon intuition semblait se vérifier et s'affermir : je trouvais chez moi, en moi, une foule de traits partagés avec mon lignage. Ce qui me confirma que je ne pouvais faire abstraction de mes ancêtres, ni m'identifier à ceux que je préférais. Il me parut aussi que, à mesure que j'avançais en âge, les similarités et les ressemblances se multipliaient et se vérifiaient, comme si le vieillissement progressif concentrait dans un même individu les principaux caractères de prédécesseurs disparus depuis longtemps.

Ce visage qu'en passant devant un miroir j'aperçois de profil, est-ce bien le mien ? N'est-ce pas aussi celui de ma grand-mère paternelle ? Ce menton long et étroit de mon cousin est également celui de sa mère, ma tante Unetelle. Cette tendance innée à la fabulation chez ma cousine lui vient peut-être de son père, qui cherchait à embellir et à exagérer tout ce qu'il racontait. Ces yeux d'un bleu très pâle du dernier-né de ma sœur sont plus étranges : nous nous creusons la tête sans trouver qui, dans notre ascendance, avait bien pu porter en lui ou en elle le gène originel, et par quel caprice de la nature il s'est manifesté seulement chez cet enfant. Ce léger bégaiement dont souffre ce demi-frère est-il un défaut isolé et accidentel ? N'est-il pas plutôt inscrit depuis toujours dans la double hélice de son code génétique ?

Dans mon esprit, les questions affluent. Les réponses, elles, sont plus rares et moins sûres. Quand il s'agit d'hérédité, il faut faire la part des choses. Il faut aussi accorder à chaque détail un poids relatif et provisoire, pour le cas où l'on se tromperait, ce qui n'est pas si rare. Pour le cas où des facteurs autres que génétiques viendraient nous berner et nous lancer sur de fausses pistes. Mais si incertains et si imprévisibles soient-ils, les mystères de l'hérédité valent toujours la peine d'être examinés de près. S'ils mènent parfois à des approximations et à des culs-de-sac, ils mènent aussi à des surprises et à des émerveillements, qui sont la récompense de ceux qui s'y adonnent.

Contre-courant

Cent fois, mille fois au cours des années, je me suis trouvé à contre-courant de l'opinion la plus répandue ou la plus populaire, quelle que fût la question en cause. Comme si j'éprouvais une attirance naturelle pour l'envers des choses et que j'avais constamment un pied dans l'univers négatif. Celui qui, dit-on, fait contrepoids à l'univers positif dans lequel nous vivons tous sans même nous en rendre compte.

Je laisse aux «psys» de toutes les spécialités le soin d'examiner si c'est là, chez moi, un penchant naturel où je ne suis pour rien; si c'est plutôt un déséquilibre qui s'est enraciné avec le temps; ou, enfin, si c'est une tare de naissance imputable à la génétique. Quoi qu'il en soit, cette curieuse disposition crée parfois dans mon entourage une atmosphère tendue qui nuit à la bonne entente.

Ceux qui souffrent d'un travers semblable risquent d'acquérir rapidement la réputation de s'objecter à tout et à rien, et de s'inscrire en faux contre la moindre suggestion, contre le moindre projet mis de l'avant par quelqu'un d'autre. On a tout à perdre en prenant trop souvent le contrepied de ce que la majorité des gens pense, préfère ou désire.

À l'occasion, on peut avoir de bonnes raisons d'exprimer des réserves à l'égard de telle ou telle initiative ou même de la condamner sans équivoque. Cependant, si notre opposition est trop fréquente ou trop catégorique, ceux qui nous entourent soupçonnent rapidement qu'il y a anguille sous roche. Ils en arrivent bientôt à la conclusion que ce n'est pas la recherche du juste milieu ou de la vérité qui nous anime et nous motive, mais bien un parti-pris aveugle, un entêtement injustifiable. Ce dont, peut-être, nous ne sommes même pas conscients. La source mystérieuse nous échappe à nous-mêmes comme aux autres.

En revanche, il est le plus souvent bien vu et bien commode d'aller dans le sens de la majorité et d'emboîter le pas à tout ce qui se dit et à tout ce qui se fait autour de nous. De prétendre même concilier l'irréconciliable. Parfois aussi, le souci de la bonne entente l'emporte sur celui de l'honnêteté et de l'efficacité: on ne s'oppose pas ou, contre toute raison, on donne son accord à un projet qu'on juge médiocre, plutôt que de compromettre sa mise en chantier et son exécution. On préfère aussi embaucher un candidat évidemment inférieur, mais qui s'entend bien avec tout le monde, plutôt qu'un postulant clairement supérieur, mais qui risque de troubler le quotidien et la routine d'une équipe. Il arrive même qu'on laisse de côté un candidat bardé de diplômes, de peur que ses qualités excessives ne jettent dans l'ombre celles de ses collègues et, surtout, celles de son patron éventuel.

L'histoire du mouton de Panurge fascine depuis toujours. Vous la connaissez? Le dénommé Panurge, un héros de l'auteur français Rabelais, acheta un mouton du marchand avec qui il se querellait, puis jeta délibérément l'animal à la mer. Les autres moutons, obéissant à leur instinct, l'y suivirent aussitôt. Tous se noyèrent, au grand désespoir du marchand, qui perdit ainsi tout le reste de son troupeau.

La société est souvent constituée, elle aussi, de moutons qui sont prêts à suivre jusqu'au bout tel homme ou telle femme en qui elle voit un modèle à imiter ou un héros ou une héroïne à admirer. Elle est sujette à des effets d'entraînement inexplicables qui lui font commettre des gestes inattendus et, parfois, hors de son train habituel et de son assise normale. Après coup, on s'étonne de ce qui est arrivé, on analyse ce qui a bien pu se passer, mais il y a toujours quelque part un grain de folie collective qui échappe à toute explication raisonnable.

Si une chanteuse populaire (mettons l'actuelle Lady Gaga) se fait tatouer un aigle sur la fesse gauche, il y aura mille jeunes femmes qui voudront aussi se faire graver dans la peau un oiseau de proie. Et pas seulement sur la fesse gauche! Si un grand financier (mettons le milliardaire respecté Warren Buffett) vend ou achète des actions à la bourse, mille imitateurs s'empresseront de vendre ou d'acheter les mêmes actions. Si, à l'occasion d'un happening musical, la danseuse (mettons la belle Shakira ou la jolie Rihanna) se balance, les deux bras en l'air et le bassin en diagonale, la foule entière lèvera aussi les mains vers le ciel et se balancera le postérieur de gauche à droite. Si le héros de l'heure (mettons le jeune Justin Bieber) se coiffe de telle manière, les garçons de toute l'Amérique du Nord (et même les politiciens américains!) l'imiteront sans tarder. Les hommes comme les femmes adorent se vautrer dans la ressemblance et la similarité.

Quelque part entre l'opposition systématique à l'opinion la plus répandue et le besoin servile de faire ce que tout le monde fait, il y a un juste milieu difficile à déterminer. D'un côté comme de l'autre, il y a excès. Et entre les deux, il n'y a pas d'arbitre impartial pour trancher en faveur de l'un ou de l'autre. Ce qui fait que, la vérité et le bon sens se rangeant le plus souvent du côté du plus grand nombre, la foule l'emporte sur l'individu. Celui-ci n'a qu'à baisser la tête en signe de soumission.

Pourtant, contre toute raison, bien des individus persistent. Ils n'admettent pas qu'ils ont tort et refusent de s'incliner devant la foule. Celle-ci leur fera mauvaise réputation, elle les isolera, elle les laissera même végéter dans la solitude aussi longtemps qu'il le faudra. C'est d'ailleurs ce qui arrive assez souvent.

L'histoire a conservé quelques exemples merveilleux d'individus qui ont persévéré et qui ont finalement triomphé contre le plus grand nombre. *« E pur si muove ! »* (Et pourtant, elle tourne !) marmonna Galilée, que l'Inquisition forçait d'abjurer sa théorie voulant que la Terre tourne autour du Soleil. Newton, avec sa loi de l'attraction universelle, rendit caduques les croyances populaires et pseudoscientifiques de son temps, qui prétendaient que « la nature a horreur du vide ». Darwin éprouva de grandes difficultés face à ses contemporains quand il proposa sa théorie de l'évolution des espèces, qui infirmait la création directe et spontanée des humains. Edmond Rostand fit même l'éloge de l'individu qui lutte seul contre tous, en faisant dire à son héros, Cyrano de Bergerac :

— Ne pas monter bien haut, peut-être, mais tout seul!

On dira que ce sont là des exemples rares et exceptionnels. Soit. Mais dans la vie de tous les jours, il existe très certainement des centaines ou même des milliers de cas mettant en cause des personnes moins célèbres et des situations moins scientifiques et plus terre-à-terre où l'individu triomphe silencieusement contre le nombre. Des situations que personne ne relève expressément et qui ne sont recensées nulle part.

Malgré tout, il faut avoir l'intelligence et l'humilité d'admettre que, le plus souvent, la majorité est un rouleau compresseur qui fait taire les minorités et qui, parfois à tort, parfois à raison, impose partout son uniformité. Le bon sens et la raison n'ont qu'à se ranger de son côté. Ce qu'ils font le plus souvent.

FEMMES

J'ai longtemps vécu dans l'ombre des femmes. Des femmes admirables qui m'ont beaucoup appris et qui ont veillé sur moi comme autant d'anges gardiens. Elles m'ont entouré d'attention et d'amour. Elles m'ont protégé contre les heurts de la vie. Elles m'ont consolé quand il le fallait. Des grands-mères qui m'adoraient, des tantes qui me gâtaient, des vieilles filles qui m'embrassaient, des voisines généreuses qui m'aimaient comme leurs propres enfants.

Je me noyais dans le sucre à la crème et dans la confiture de cerises de terre. Elles les avaient mitonnés expressément pour moi, et non pour le grand-père, l'oncle ou le mari. Le regard souriant, elles me laissaient périr dans l'étang de douceurs où, en leur compagnie, je m'enfonçais lentement. À la fin, il fallait que je me débatte contre elles. Que je refuse toute cette bonté qui, aurait-on dit, ne savait où se dépenser ailleurs que sur moi, pour moi. Je me dégageais, je m'envolais, je leur échappais pour quelques heures, quelques jours, jamais plus d'une semaine. J'avais besoin de répit et d'air frais avant de replonger dans les bonbons aux patates et la gelée de groseilles. D'ailleurs, des amies à moi m'attendaient déjà dans la rue.

J'ai passé toute mon enfance et quelques années de plus avec elles, des petites filles et des grandes. Elles faisaient toutes partie de notre confrérie d'enfants et d'adolescents. Elles étaient si présentes que l'intérêt que je leur portais égalait, parfois même éclipsait celui que je témoignais aux garçons. Mes parents finirent par s'inquiéter du poids de toutes ces femmes sur ma vie et sur mon caractère. N'allaient-elles pas faire de moi un efféminé? Étais-je en train de perdre mes attributs et mes instincts de mâle? Le temps leur démontra qu'il n'en était rien et qu'en fait c'était plutôt moi qui présentais un danger pour elles. Surtout quand arrivait la grande effervescence du printemps.

Gisèle, Manon, Stéphanie, Paule, Marjolaine, Denise et toutes les autres! Combien je vous aimais sans vous le dire! Sans qu'il me vienne à l'esprit de vous le dire. Sans que, de toute manière, je puisse articuler clairement ce que j'éprouvais pour vous, ce qui m'attirait vers vous. Pourtant, je voyais bien qu'il y avait entre nous une barrière infranchissable qui, loin de s'affaiblir, se raffermissait et s'élevait un peu plus haut chaque jour. Le mur insurmontable de nos corps nous contraignait à prendre des directions opposées.

Avec le temps, j'ai oublié que vous aviez un corps si différent du mien. Il nous créait des embêtements, des restrictions, des gênes. Au début, nous nous accommodions fort bien de ce que j'avais, de ce qui vous manquait, de ce qui me faisait défaut et de ce que vous possédiez en plus. Jusqu'au jour où nous avons dû nous résigner, moi de mon côté et vous du vôtre, à la séparation, qui devenait inévitable. Jusqu'au jour où nous avons dit adieu à nos anciens corps pour assumer le corps nouveau qu'une volonté obscure nous imposait avec tant de force, avec tant d'autorité.

Nous nous sommes quittés, tellement notre amitié était vive et menaçait de se changer en autre chose que nous ne connaissions pas encore. Tellement il était impérieux de nous protéger contre nous-mêmes. Et nous avons appris à vivre avec nos corps différents, qui se regardaient les uns les autres, qui s'attiraient et qui se méfiaient. Qu'aviez-vous besoin de rouge à lèvres, de soutiens-gorge et de talons hauts!? Et pourquoi ces nouveaux jeux, ces chuchotements souriants et ces rires entendus dont vous m'excluiez avec tant de soin? Un jour, vous êtes parties, cheveux au vent, vers des villes dont vous n'êtes jamais revenues. Mais moi, qui suis un incorrigible sentimental, je ne vous ai jamais oubliées et je vous attends encore.

D'autres femmes sont survenues. Plus averties, plus délurées aussi que mes premières amies. Quand elles m'abordaient avec facilité et sans-gêne, je me réfugiais dans le musée de mes souvenirs, où survivait encore l'image de mes anciennes copines. Longtemps je demeurai là, immobile et silencieux. Puis, n'en pouvant plus, je suis sorti peu à peu de mon cocon, j'ai fait quelques pas dehors, je me suis mis à simuler une audace et une assurance que je n'avais pas. Au bout de quelques mois, le souvenir des femmes de mon lointain passé, que je croyais impérissable, commença à faiblir, mais sans disparaître tout à fait. En regardant mes nouvelles amies marcher sur le trottoir, je me suis dit que c'était quand même très joli des lèvres écarlates, des poitrines rebondies et des talons hauts.

Madeleine m'a invité à déjeuner chez elle. Dans sa maison déserte, nous avons partagé une orange en discutant de Platon. Un philosophe grec est toujours un excellent sujet de conversation quand on ne sait quoi dire. Puis, en bons petits bourgeois que nous étions, nous nous sommes rendus à notre cours d'escrime, où Madeleine m'a flagellé durement de son fleuret. Pourquoi? Parce que le mien, par un malencontreux hasard, lui avait effleuré le sein. Le gauche, qu'elle protégeait mal.

Le lendemain, j'ai voulu retourner chez elle pour manger la même orange. Elle était déjà partie à son cours de sciences politiques, le plus chic offert par l'université. Et qui peut mener très loin, à cause des rencontres que, par un hasard domestiqué, on peut y faire. Quand je l'ai revue, quelques semaines plus tard, elle m'a souri en se sauvant. Elle avait abandonné le cours d'escrime et se préparait à partir pour l'Europe. Il n'y a pas eu d'adieu.

Lorsqu'à mon tour je suis allé à Paris, j'ai cherché Madeleine sans pouvoir la retrouver. Elle est grande, cette ville. Il est difficile de rejoindre quelqu'un, à moins d'avoir en poche la bonne adresse. Je n'avais pas la sienne, ni aucun autre indice qui m'aurait facilité la tâche. J'ai perdu courage assez rapidement, mais j'ai continué à errer près de la Seine, dans les quartiers les plus prometteurs, dans l'espoir que... on ne sait jamais!

Le hasard, qui ne m'a jamais beaucoup aimé, ne m'a pas favorisé cette fois-là non plus. Peut-être Madeleine vivait-elle dans l'arrondissement voisin, tout près de la rue de la Huchette, sans que ni elle ni moi le sachions.

Peut-être nous sommes-nous croisés sans nous apercevoir dans la foule innombrable du Quartier latin, un soir de bruine. Peut-être étions-nous coude à coude, en fin d'après-midi, dans la station Danfert-Rochereau, parmi la cohue furieuse, sans que nos regards se rencontrent. Peut-être. Madeleine n'est jamais rentrée de Paris.

Heureusement, il n'y avait pas que Madeleine. Il y avait aussi Roberte. Je l'ai rencontrée quand, aguerri, je suis revenu au pays. Si elle était jolie, elle n'était pas très douée pour les études, qui lui étaient pourtant indispensables, étant donné la famille de renom à laquelle elle appartenait. J'étais celui que le hasard avait choisi pour lui venir en aide. Pour faire en sorte qu'en tout temps et en toutes circonstances, elle produise le minimum qu'il fallait pour satisfaire un vieux professeur peu sensible à son charme, qui était pourtant considérable.

Pendant toute une année, je fus son tuteur, dans la chambre exiguë que j'habitais, quartier Côte-de-Sable, tout près de l'université. Quittant l'appartement luxueux que l'État fournissait à son père, elle venait m'y rejoindre en pleurant, incapable de résoudre tel problème de physique que nous avait assigné le professeur. Esclave docile, je cherchais la réponse pendant que Roberte vérifiait sa beauté dans le seul petit miroir que je possédais, au-dessus de mon lit.

Puis je lui expliquais, étape par étape, comment j'avais trouvé la solution au problème qui mettait en cause, mettons, la gravitation universelle ou la vitesse de la lumière. Une fois que j'avais terminé mon propre travail exigé par le même professeur, elle le recopiait soigneusement, mot à mot, chiffre par chiffre, et repartait heureuse, en m'adressant de merveilleux sourires. Je savais qu'après le prochain cours elle reviendrait me voir en pleurant.

Roberte m'invitait parfois au bureau de son père, qui donnait sur un des nombreux corridors de l'édifice du Parlement. De temps en temps, une sonnerie insistante appelait les députés à un vote urgent en Chambre. Roberte et moi pouvions alors nous prélasser, seuls dans ce petit coin tranquille rempli de meubles en noyer et de fauteuils en cuir brun.

Il m'arriva un jour de me laisser guider par les cris et les applaudissements qui provenaient d'une salle lointaine, au bout du corridor. En ouvrant prudemment la porte, je débouchai sur une vaste mezzanine aux arches gothiques, remplie de sièges à partir desquels on pouvait suivre les débats des élus, en contrebas. L'atmosphère de cirque qui se dégageait de l'ensemble me laissa une impression indélébile. Je n'ai jamais oublié que la direction du pays dépend des décisions prises par ceux qui, jour après jour, se disputent et s'invectivent dans cette immense pièce décorée en vert, tous convaincus que c'est la manière la plus efficace de gouverner.

Un jour, Roberte obtint au cours de physique une note supérieure à la mienne. Comme je présentais toujours la version originale et elle la copie de nos travaux, j'en fus étonné. Surtout quand le professeur me recommanda de m'adresser à elle, afin qu'elle m'aide, disait-il, à améliorer mes connaissances et mon rendement. Je m'étais trompé : il était plus sensible que je croyais à la beauté de Roberte. Elle et moi avons échangé un sourire de connivence. J'étais convaincu que cet incident cocasse allait nous rapprocher davantage l'un de l'autre.

La fin du cours coïncida, comme il se doit, avec la fin de l'année universitaire. Pendant que Roberte trouvait un emploi d'été auprès d'un député, je dénichai un travail moins prestigieux à l'autre bout de la ville. Nous ne nous sommes revus qu'une seule fois, en coup de vent. Notre amitié stagna, puis cessa. Aucun problème de physique, ni la gravitation, ni la lumière interstellaire, ne pourrait maintenant la raviver.

Vous voulez que je vous parle aussi de Maria? Elle venait tout juste d'arriver de Valparaiso, au Chili, où elle avait étudié à l'Université de Playa Ancha, pas très loin du parc où se trouve le buste du poète Neruda... Non? Vous ne voulez pas que je vous parle de Maria? D'accord, je ne vous dis rien d'elle... Vous avez raison, il y a souvent de la vanité et de l'indiscrétion (ou même de la trahison) à vouloir recenser les amies que la vie a placées sur son chemin et dont on ne garde qu'un souvenir diaphane, lointain. Si lointain qu'on ne sait plus soi-même, à la fin, si ce qu'on raconte est puisé dans la réalité ou si, plutôt, cela provient de son imagination enfiévrée. Maria, me semble-t-il, est de ces femmes-là. Elle se meut avec aisance entre le réel et l'imaginaire. Je ne me souviens même plus de la couleur de ses robes, ni de la nuance de son rouge à lèvres.

N'allez surtout pas croire, n'allez pas même penser que je suis un nouveau Casanova, ou encore un irrésistible Don Juan. Bien au contraire, la nature ne m'a pas tellement gâté à cet égard. Elle a plutôt fait de moi un être ordinaire, ce qui est bien le pire état qu'on puisse souhaiter! Mais mes amies m'ont souvent rendu l'intérêt que je leur portais. Quelques-unes sont entrées dans ma vie et l'ont influencée de façon décisive. Comment cela est-il arrivé? Je n'en sais trop rien. On dirait que tout se passe bien au-delà de la conscience et de la lucidité qu'on peut avoir. Cependant, on regrette rarement, sinon jamais, ce qui nous arrive pendant ces années lumineuses mais tumultueuses, alors que le destin nous sourit largement.

Plusieurs de mes amies s'orientèrent vers des carrières professionnelles ou se trouvèrent des emplois auxquels elles consacrent maintenant le plus clair de leur temps et de leur énergie. Nos intérêts, qui jusque-là avaient été parallèles, s'écartèrent rapidement. Nos cheminements suivirent la même voie. Quelques-unes devinrent avocates ou comptables, d'autres se consacrèrent à leur famille. Plusieurs tentèrent de se faire élire à un conseil municipal ou dans une circonscription provinciale. La plupart se firent prendre, elles aussi, par la routine du neuf à cinq.

Il se pourrait qu'on m'accuse de tomber ici dans le lieu commun et la banalité. Ou même dans la complaisance et la servilité. Quoi qu'il en soit, j'insiste tout de même pour laisser un témoignage. Il m'est resté un souvenir impérissable de ces femmes qui m'ont accompagné jusqu'à présent. Jeunes et vieilles, parentes ou étrangères. Et ce, aussi loin dans le temps que ma mémoire me permet de remonter. Le souvenir que j'ai d'elles me remplit d'émotion chaque fois qu'il s'active et qu'il me rappelle telle aventure partagée, telle expérience vécue avec elles, par elles ou à cause d'elles. Toutes ensemble, elles ont valorisé ma vie. Elles l'ont éclairée d'une vive lumière.

Malheureusement, je ne suis pas du tout certain qu'elles pourraient en dire autant à mon sujet. Si elles ne le peuvent pas, je suis sûr que, suivant leur discrétion et leur savoir-vivre habituels, elles auront le tact de ne rien dire du tout.

APPARTENIR

En traversant la ville moderne de Delphes, en Grèce, j'aperçus un vieillard qui, assis devant sa maison, me faisait de la main un signe évident d'amitié. Comme je ne connaissais personne dans ce lieu perché sur le mont Parnasse, je m'arrêtai, intrigué, et voulus savoir ce qui me méritait tant de sympathie. Comme je m'approchais de lui, il affirma d'un ton assuré :

— Vous êtes du Canada.

Je reconnus en souriant qu'il avait raison. J'allais lui demander à quoi il avait deviné si juste quand il me montra du doigt le petit drapeau cousu sur la toile de mon sac à dos. Le mystère éclairci, je voulus repartir. Mon nouvel ami me retint de la voix et m'expliqua qu'il avait longtemps vécu au Canada. Pour en faire la preuve, il me débita la liste des villes importantes du pays, de Terre-Neuve jusqu'en Colombie-Britannique et de St. John's jusqu'à Victoria.

Entre toutes ces villes, il avait préféré Montréal où, pendant plus de trente ans, il avait tenu un restaurant près de l'avenue du Parc. Je l'écoutai attentivement, étonné de tout ce savoir dans un pays aussi éloigné du mien. Je lui demandai pourquoi il avait quitté le

Québec pour rentrer en Grèce. Il tourna les yeux vers un petit cimetière pierreux sur le flanc de la colline d'en face.

— Je suis revenu mourir ici, dans mon village.

Sa réponse m'étonna, puis m'émerveilla. Toutes ces années passées à l'étranger n'avaient pas réussi à atténuer en lui ce sens profond et inné d'appartenance à ce lieu précis du mont Parnasse. Avec ses troupeaux de chèvres broutant sur les pentes, les aboiements des chiens qui les gardaient et, un peu plus loin, les eaux du golfe de Corinthe et le petit port d'Itéa. Un appel indistinct mais puissant s'était déclenché en lui juste au bon moment, peut-être à cause d'une maladie quelconque ou encore à cause du pressentiment d'une mort prochaine, étant donné ses cheveux déjà très blancs et son beau visage usé par le temps.

Immédiatement, je vis dans ce retour aux origines une affinité évidente, bien que lointaine et différente, avec la migration annuelle des oies sauvages vers la baie d'Ungava, avec les saumons de l'Atlantique qui remontent chaque année la rivière Matane, ou même avec ces chiens égarés à Calgary ou à Winnipeg qui, après des semaines d'errance, retrouvent la trace de leur propriétaire à Montréal.

Qu'est-ce qui enclenche ce retour en arrière chez tous ces migrateurs? Est-ce l'air du temps? L'inclinaison du soleil à l'horizon? Les premières gelées d'automne en novembre? Un réflexe primitif les pousse à entreprendre (sans qu'il y ait chez eux une volonté apparente et évidente de le faire, dirait-on) un long voyage qui, tôt ou tard, les ramènera vers ce lieu unique dans lequel, dès leur naissance, ils ont plongé des racines profondes et encore vivaces.

Ils sont saisis d'un sentiment d'appartenance si puissant qu'aucun de leurs autres instincts primaires ne saurait les retenir. Ni l'instinct de conservation, ni celui de préservation, ni même celui de reproduction ne peut les empêcher de rechercher les conditions dans lesquelles ils ont commencé leur vie, où qu'ils soient allés pendant leur existence et quelle qu'ait été la durée de leur absence.

Pour ma part, j'ai toujours admiré et envié chez les autres, hommes ou bêtes, ce sentiment d'appartenance, qui me paraît un des puissants moteurs derrière les gestes qu'ils accomplissent durant leur vie. Pourquoi les envier? Parce que si je perçois facilement ce sentiment chez les autres, je ne l'ai jamais éprouvé moi-même avec beaucoup de force. Est-ce que je veux, comme mon vieillard grec, retourner mourir dans le lieu où je suis né? Pas du tout! Est-ce que, comme les outardes, les saumons et les chiens égarés, je veux rentrer dans une existence antérieure ou me déplacer, même provisoirement, dans un décor autre que celui où je suis déjà? Non plus! Je suis parfaitement heureux dans le moment présent et dans le lieu actuel.

Aucune force dont je serais conscient ou même inconscient ne me pousse à me mettre en route vers le passé, à remonter en sens inverse le temps écoulé ni à retrouver des chemins déjà parcourus. Devrais-je m'inquiéter de mon absence de désir de revisiter des lieux que, durant ma vie antérieure, j'ai connus et aimés? Comment se fait-il que, contrairement à tant d'humains, je n'éprouve pour mon quartier, pour ma ville ou même pour mon pays aucun attachement particulier? Surtout au moment de remplir mon formulaire d'impôt et de régler mes taxes municipales!

Bon, ce n'est pas tout à fait vrai: j'aime bien ma ville, j'aime aussi mon pays. Mais comme j'y suis déjà, je n'ai pas à décider si je veux y rentrer ou non. D'ailleurs, je ne raffole ni de l'un ni de l'autre. Donnerais-je ma vie pour eux? Je mentirais en répondant que oui. Je ne serai jamais le citoyen de l'année, ni le président de la Chambre de commerce, ni un candidat aux élections dans mon quartier. Je ne veux surtout pas l'être! Un instinct primaire et irréductible me fait fuir toute velléité que pourraient avoir mes amis de me charger de tâches communautaires ou de souligner ma présence parmi eux.

Il n'en reste pas moins que je sens en moi un vide à remplir, un espace à combler. Un vide et un espace qui ressemblent fort à un sentiment de distance et d'aliénation à l'égard de mon entourage. Il en résulte chez moi une contradiction qui fait que, tout à la fois, je fuis ce que je cherche et je cherche ce que je fuis! D'un côté, je voudrais bien faire partie intégrante des décennies et des espaces dans lesquels j'évolue. Il me semble que je trouverais une grande satisfaction à appartenir enfin à un groupe, à une agglomération quelconque. J'aimerais faire partie d'un tout, me joindre à une foule immense et chaleureuse. Certains jours, il me semble que la solution est là, à portée de la main, et qu'il ne tient qu'à moi de faire un pas en avant.

Certains autres jours, cependant, je m'arcboute et résiste de toutes mes forces à ce qui me paraît une capitulation, une résignation ou même une lâcheté. Il me semble que c'est payer trop cher ce sentiment d'appartenance auquel pourtant j'aspire. Il me semble aussi qu'en acceptant d'appartenir à ou de faire partie de, je renonce en fait à toute une manière de réfléchir, de vivre et d'être. Bien plus, j'ai l'impression que si je m'engageais dans cette voie, je laisserais de côté une liberté de pensée et de mouvement, une indépendance personnelle à laquelle je tiens beaucoup, une magnifique solitude dans laquelle, assez souvent, je me complais. Ce n'est pas là un refus des autres, ni le culte de la sauvagerie, ni enfin l'éloge de la réclusion. C'est plutôt la quête d'une disponibilité qui ne souffre aucune compromission.

Je vis donc à la limite, aux confins de moi-même, juste en deçà de l'éclatement et de la fragmentation. Je suis la corde de l'arc sur le point de se briser et le verre de cristal sur le point d'exploser. Je me maintiens dans cette tension extrême et ne veux aucunement la supprimer puisque le soulagement qui en résulterait se changerait rapidement en decrescendo, en dégonflement. Je ressemblerais à l'amant comblé qui s'endort après l'amour. Je ne veux pas d'une renonciation qui ne présente plus aucun défi ni plus aucun intérêt. Je veux au contraire conserver toute ma liberté d'esprit et de mouvement, même si je risque de ne jamais appartenir à qui et à quoi que ce soit.

Autant le dire clairement: pour le meilleur ou pour le pire, je n'ai pas l'instinct grégaire très développé. Je n'éprouve aucun désir de faire partie d'une cause, d'une croyance, d'une religion, d'une opinion légale, d'un régime politique, ni enfin d'une association dotée de règles et de conventions. Je détecte de très loin tout ce qui peut ressembler à du racolage, à de l'enrégimentation. Tout ce qui peut devenir cachot. Tout ce qui prétend, faussement bien entendu, être la voie unique ou principale vers un objectif, vers une destination hors de laquelle on serait voué à l'égarement et à l'erreur.

Vous me dites que le refus d'«appartenir» mène souvent à l'échec, à l'isolement. Vous ne voyez l'épanouissement et le salut de l'individu que dans la multitude. Pour illustrer votre pensée, vous me parlez de ces caribous des forêts boréales qui forment des familles serrées dans l'espoir d'augmenter leur chance de survie et de multiplication. De ces sardines de l'Atlantique qui se regroupent en bancs compacts dans la mer, afin de mieux faire échec aux prédateurs. De ces étourneaux qui s'assemblent dans des vols de plusieurs milliers d'individus, de manière à gagner en assurance et en audace et à mieux s'attaquer aux céréales et aux récoltes avant de repartir vers le Sud. Soit! J'en conviens! Il y a en effet de la sécurité dans et par le nombre.

Aujourd'hui, cependant, ces arguments ne me convainquent plus guère. Non à cause des années qui se sont écoulées, ni parce que j'ai acquis une plus grande maturité et une plus grande expérience. Non, c'est plutôt que je sais maintenant d'une science sûre et certaine qu'on peut très bien vivre en marge du flux social ou, mieux encore, qu'on peut être parfaitement heureux au milieu du brouhaha qui nous entoure.

Je continue à vivre en société comme tout le monde, mais j'évite autant que possible tout ce qui est frénésie et agitation. C'est-à-dire les foules, les célébrations, les cérémonies, les parades, les foires, les rodéos, les protocoles, les consensus, les happenings en tous genres. J'opte plutôt pour la prudence, la réserve, le doute, l'affirmation conditionnelle, le silence et, au besoin, le renoncement. Je recherche aussi une certaine distance et une certaine retraite par rapport à la communauté. Qu'on se rassure et qu'on me fasse confiance : ce n'est pas un si grand prix à payer pour rester soi-même.

J'ai toujours aimé l'expression ancienne et hautement symbolique qui dit : « se retirer dans ses terres ». Même lorsqu'on ne possède aucune terre ! Ce qu'il faut comprendre par là, c'est qu'on se retire plutôt en soi-même. C'est-à-dire que, sans pour autant s'enfermer dans la solitude, on recherche une certaine indépendance, une certaine autonomie. Et quand on est fatigué du spectacle qui s'offre quoi qu'on fasse, on a le loisir de s'assoir sur sa chaise longue et de regarder pousser l'herbe des champs. À moins de suivre plutôt des yeux, derrière ses verres fumés, le soleil qui monte à l'est ou qui descend à l'ouest.

HANNIBAL BARCA

Quand j'étudiais l'histoire ancienne au collège, j'éprouvais une admiration sans bornes pour Hannibal Barca, ce général carthaginois dont le génie militaire rappelle celui d'Alexandre le Grand. Après avoir franchi les Alpes à dos d'éléphants (ce qui, à son époque, était perçu – ce l'est encore aujourd'hui! – comme impossible), il est descendu dans les plaines d'Italie. Les difficultés de la traversée en montagne réduisirent son armée, forte de 100 000 hommes, à seulement 26 000. Malgré tout, à peine âgé de 25 ans, il a écrasé l'une après l'autre, avec une facilité déconcertante, les armées réputées invincibles de l'ancienne Rome. Ce furent les victoires de Tessin, Trébie, Trasimène et Cannes.

Pendant plus de dix ans, il s'est prélassé impunément dans la campagne italienne, au vu et au su de ses ennemis. Les généraux romains n'osaient même plus se présenter devant lui en rase campagne, sachant la bataille perdue d'avance. On le surnommait, à juste titre, le pire cauchemar de Rome. Mais à la fin, faute de ravitaillement et faute de soutien financier et politique de la part des siens, il fut contraint de rentrer chez lui, à Carthage, dans l'actuelle Tunisie. Là où l'attendait son destin.

J'ai vécu comme une tragédie personnelle sa grande défaite, celle que le général romain appelé Scipion lui a infligée quelque temps plus tard à Zama, en Afrique du Nord. Et je fus terrifié comme lui quand les Romains firent rouler par terre, dans son camp militaire, la tête de son frère Hasdrubal Barca, vaincu dans une autre bataille, celle de Métaure. Cette double épreuve accabla Hannibal, qui murmura avec amertume :

— Je reconnais là la fortune de Carthage.

Par la suite, son suicide par empoisonnement a achevé de m'ébranler. Je n'admettais pas qu'un homme si admirable puisse disparaître aussi tragiquement, suite à un enchaînement de malchances (y compris la trahison de son propre roi), d'une manière si peu méritée et si peu glorieuse.

C'est depuis ce temps-là que, si je salue volontiers les vainqueurs, quels qu'ils soient et quelle que soit l'occasion, je refuse pourtant de les applaudir trop fort ou trop longtemps. Je me range plutôt, tout au moins en esprit, du côté des vaincus, pour qui j'éprouve toujours une sympathie réelle et une affinité spontanée. Non que je sois défaitiste ni que je courtise le malheur, mais j'ai acquis plutôt la certitude qu'il y a dans la relation vainqueur/vaincu une difficulté qui me dérange et que je n'arrive pas à résoudre de manière satisfaisante.

Il y a quelque chose de profondément injuste, me semble-t-il, dans les antipodes que sont victoire et défaite, cette manière trop habituelle de classer les résultats d'un concours, d'une compétition quelconque. Et par conséquent de classer aussi les personnes qui y sont associées. Ce qui rappelle les films hollywoodiens : ils divisent naïvement leurs protagonistes en bons et en méchants, une manière outrageusement simpliste de juger des actions humaines qui sont le plus souvent d'une extrême complexité.

Trop de hasards et trop d'accidents entrent en ligne de compte quand il s'agit de désigner un vainqueur et un vaincu. Entre la victoire et la défaite, il y a une zone grise et neutre où tout peut intervenir : la partialité de la foule, le subjectivisme de l'arbitre, la perception variable des témoins, l'esprit d'équipe présent ou manquant, la malchance ou la bonne fortune, la condition physique des participants, la direction du vent, l'application arbitraire ou même fautive du règlement, des règles ambiguës ou déficientes. Le nombre de ces facteurs est quasi infini. Ce qui me ramène à Hannibal.

Sa défaite soudaine à Zama et sa chute lente et progressive ne diminuent en rien son génie. Et la victoire de Scipion, le général romain, ne l'a pas sauvé de l'obscurité. Une obscurité dont il ne sort que lorsque, justement, il est question d'Hannibal. Preuve qu'au-dessus de toute compétition il y a une victoire ou une défaite encore plus définitive qui met du temps à s'exprimer et à s'accomplir, et qui est une bien meilleure mesure de la qualité des protagonistes. La durée, qui décante toutes les activités humaines, assigne une valeur plus juste et plus concluante à ce qui semblait d'abord une victoire ou une défaite évidente.

Le destin d'Hannibal a coloré ma vie, moi qui n'ai pourtant pas l'admiration facile pour les militaires. Pourquoi ? Sans doute parce que son sort tragique a réveillé en moi une disposition naturelle. J'ai compris très tôt que la victoire et la défaite, la réussite et l'échec, le triomphe et le revers sont parfois, ou même souvent, le résultat de circonstances accidentelles et de critères inadéquats ou insuffisants. Et que, dans tout concours, l'objectivité et le mérite ne sont pas toujours en cause ni au rendez-vous.

Bien sûr, la question ne se pose pas ou se pose avec moins d'acuité si la victoire est déterminée par un calcul mathématique, par une mesure objective qu'on ne peut mettre en doute. Par exemple, telle équipe a gagné par un score de 10 contre 2. Ou encore, tel élève a obtenu une note de 95 % dans un test d'algèbre. Mais le plus souvent, la vie n'est pas si simple et la victoire ou la défaite est déterminée par le seul jugement subjectif d'une ou de plusieurs personnes. Ce qui ouvre la porte à toute une gamme d'influences pour la plupart illicites, indésirables ou inacceptables.

Pour ma part, j'ai compris rapidement que la victoire ou la défaite, même définitive, n'est pas une bonne mesure de la valeur d'une personne. Et qu'elle déclenche chez ceux qui en sont témoins (et aussi chez les historiens de l'avenir), parfois de manière irréversible et souvent injustifiée, des perceptions et des jugements qui ont un impact déterminant et à long terme. Un impact qui influe sur la manière heureuse ou malheureuse dont on juge et dont on classe les gens et les événements du passé.

Pour tout dire, le jugement sans appel que portent les hommes est souvent fondé sur des preuves et des arguments si ténus, si instables, si douteux (et pourtant si permanents et si définitifs, l'erreur aussi étant éternelle!) qu'on doit s'insurger contre l'iniquité flagrante qui, parfois, en résulte. En fait, l'histoire est le plus souvent une accumulation hétéroclite d'événements, de hasards, de victoires, d'accidents, de croyances, de malentendus, de rumeurs, d'approximations, de perceptions, de tricheries et de je ne sais quoi d'autre encore. Sans compter qu'elle est sujette en tout temps à des ingérences et à des manipulations secrètes en faveur du vainqueur ou au détriment du vaincu (et vice versa), ce qui est beaucoup plus fréquent qu'on le pense.

Le passage du temps finit par accréditer tous ces impondérables et par former un tissu qui se solidifie et qui, à la fin, constitue ce qu'il est convenu d'appeler, en un mot, l'histoire. Ce tissu douteux et fragile trouve son chemin dans nos bibliothèques et dans nos archives, où il est mis en cocon, dans l'espoir que, plus tard, un chercheur éclairé le redécouvre, s'en émerveille et en fasse son profit. Qu'il s'enthousiasme pour ces agitations anciennes et ces vestiges d'existences humaines. Et qu'il arrive à démêler le probable de l'improbable, le possible de l'impossible, le vrai du faux. Peut-être y arrivera-t-il, peut-être n'y arrivera-t-il pas!

Cet exercice se prolonge parfois très loin dans le futur, de sorte qu'il faut beaucoup d'années ou même de siècles avant que le passage du temps réussisse à décanter tout cela (à supposer qu'il y arrive un jour, ce qui n'est pas du tout certain: il a falllu deux cents ans d'obscurité avant qu'on redécouvre Shakespeare et qu'on l'apprécie à sa juste valeur!). Il en résulte alors un jugement sinon équitable, du moins définitif au sujet d'un être humain et des événements auxquels sa vie est associée.

L'historien est d'ailleurs étonné de constater que tel ou tel facteur, qui semblait accidentel ou insignifiant, bouleverse la vie entière d'un être humain. Et ce qui était bien commencé ou, au contraire, mal parti, bifurque dans un tout autre sens et prend une direction nouvelle, imprévue et parfois improbable. La Belle au bois dormant se piqua le doigt sur le fuseau de la fée Carabosse, ce qui changea complètement sa destinée!

La vie me l'a appris comme elle l'apprend tôt ou tard à chacun : en toutes choses, il y a souvent un pouce qui, secrètement posé sur le plateau de la balance, modifie les données de la pesée et change une victoire en défaite ou une défaite en victoire. Ce n'est pas là du pessimisme ni du fatalisme, mais simplement un constat froid et neutre, et un refus de me laisser berner par un optimisme aveugle et irresponsable.

Qu'on me comprenne bien, cependant. Un pouce posé sur le plateau de la balance n'est ni rare ni anormal. Je dirais même que, si injuste et si révoltant cela peut-il sembler, ce pouce sur la balance, c'est-à-dire le mal (puisqu'il faut l'appeler par son nom), n'en fait pas moins partie du quotidien et de la vie elle-même. Il est important d'accepter sa présence parmi nous sans jouer à la vierge offensée et sans crier chaque fois au loup.

Le mal est avec nous depuis toujours. Il était présent sur Terre avant même que nous y soyons. Et bien avant la pomme du paradis terrestre. Bien plus, il est parmi nous de manière irrévocable et inextricable. Au choix, il est la trame ou la chaîne du tissu même de l'existence. Toutes les prières, toutes les incantations et tous les exorcismes de toutes les religions du monde n'arriveront jamais à le chasser pour de bon, ni à l'exclure tout à fait de l'univers. Ce mal que tous feignent officiellement de détester et de combattre (tout en en tirant officieusement le plus grand profit possible!) est un des plus puissants moteurs de l'activité humaine.

Refuser cette évidence, c'est refuser la vie elle-même. C'est aussi refuser les conditions objectives de notre existence sur Terre. Pourquoi, depuis toujours, les hommes veulent-ils fermer les yeux face à une évidence aussi criante, aussi contraignante? Pourquoi lui cherchent-ils plutôt, avec un désespoir mêlé de naïveté, toutes sortes d'explications aussi farfelues et aussi invraisemblables les unes que les autres? Par exemple, la côte d'Adam et la culpabilité originelle. La seule question valable au sujet de la pomme du paradis terrestre, c'est de savoir si c'était une McIntosh ou une Granny Smith.

Quelqu'un, un dieu ancien ou inconnu peut-être, a mis le pouce sur le plateau de la balance d'Hannibal Barca, le précipitant du haut de sa gloire jusque dans la défaite, puis dans la mort. Et contrairement au grand Alexandre ou à Jules César, son génie et sa légende en ont été à tout jamais diminués et entachés. Il me semble que dans son cas, il faudrait revoir et corriger l'histoire!

IMPUISSANCE

Quand j'étais enfant et que mon père me prenait dans sa voiture, j'étais toujours inquiet en apercevant sur la route, dans le lointain, des côtes si raides qu'il me semblait que nous ne réussirions jamais à les monter. Pourtant, lorsque nous approchions d'elles, j'avais l'impression qu'elles devenaient de moins en moins hautes, de plus en plus accessibles. En arrivant à leur pied, elles paraissaient tout à fait ordinaires, si bien que la voiture les grimpait sans aucune difficulté.

De même, durant les belles journées d'été, j'apercevais devant nous des flaques d'eau sur la route surchauffée par le soleil. Certains jours, ces flaques devenaient de véritables lacs dans lesquels, si nous n'arrêtions pas, la voiture allait s'enfoncer. Au fur et à mesure que nous avancions vers eux, les lacs se mettaient à trembloter et à vaciller, avant de disparaître sous mes yeux étonnés. Je les cherchais au passage, mais le mirage avait cessé et il n'y avait plus, sous la voiture, que de l'asphalte sec et gris.

J'ai longtemps et naïvement tenté de comprendre ces menaces qui ne se réalisaient jamais. Les explications confuses et hésitantes de mon père ne me convainquaient aucunement. Mes propres réflexions ne menaient non plus à rien. Je finissais par tout oublier, jusqu'à ce que le hasard me mette de nouveau en présence des mêmes mirages et que les questions habituelles, restées sans réponse, me remontent à l'esprit. Elles me tourmentaient une fois de plus, sans que je trouve de solutions satisfaisantes. Puis, je les oubliais encore. Elles m'assiégèrent ainsi jusqu'à ce que, beaucoup plus tard, je trouve enfin les explications nécessaires.

Vous croyez que mes mirages s'arrêtèrent là? Pas du tout. Je découvris bientôt qu'en plus de mes côtes insurmontables et de mes lacs tremblotants, la vie et le monde étaient truffés d'illusions semblables. Bien plus, même après des années et encore aujourd'hui, un bon nombre d'entre elles sont toujours des énigmes que je n'ai jamais pu résoudre. Elles le sont non seulement pour moi, mais pour bien d'autres. La différence, c'est que personne ne s'en fait du mauvais sang et que tous apprennent à vivre avec elles. Moi, au contraire, je continue bêtement à chercher des réponses. Un incurable défaut de l'esprit fait que je m'accommode mal de ce que je ne parviens pas à comprendre. Et que je n'arrive pas à oublier tout à fait ce qui m'a échappé une première fois et qui continue de le faire.

Avec le temps, j'en suis venu à la conclusion qu'il n'y a pas toujours de solutions à ce que je cherche. De sorte qu'il se crée un déficit grandissant entre les questions que je me pose et les réponses que je ne trouve pas. Ces questions s'accumulent et forment un mur infranchissable et incontournable au pied duquel je suis contraint de m'arrêter. C'est alors que je prends connaissance de mon impuissance face à ces mystères qui me dépassent et qui m'écrasent. Un sentiment qui ne me quitte jamais.

Jour après jour, j'éprouve un malaise infini à sentir sur mes épaules le poids de la vie et du monde. Un peu comme le titan Atlas de l'histoire ancienne! J'éprouve aussi le sentiment pénible que, où que je me tourne, je suis soumis à des forces très réelles et souvent hostiles contre lesquelles je ne peux rien. Je suis impuissant contre la guerre, contre la démocratie, contre le cancer, contre la foule, contre l'injustice, contre le temps, contre le mal, contre mille phénomènes semblables. À côté d'eux, je suis seul, minuscule et marginal. Impossible de m'opposer à eux, de les combattre et surtout de les vaincre, même si je m'arcboutais longtemps et de toutes mes forces contre eux.

Cette impuissance me donne l'impression d'être entraîné dans un tourbillon sans fin, où je suis le jouet des forces qui m'entourent et le maître de rien du tout. Tout au plus puis-je lutter timidement et sans grand résultat contre le courant qui me précipite à grande vitesse vers je ne sais trop quoi. Bien sûr, je peux donner un coup de barre par-ci, un coup d'aviron par-là, ce qui me donne l'illusion rassurante de jouer un rôle dans ce qui m'arrive. Mais à la réflexion, ce n'est que cela: une illusion. Je continue d'être entraîné à vive allure vers ce torrent sans nom que j'entends déjà gronder et dont je vois d'ici la poussière d'eau s'élever haut dans le ciel.

Si au moins ma situation était unique. Si j'étais le premier à apercevoir des côtes insurmontables et des lacs tremblotants. Si personne d'autre n'avait éprouvé avant moi ce sentiment écrasant d'impuissance. Mais je me rends compte qu'au contraire, des milliers d'hommes et de femmes ont parcouru le même sentier. Il y a partout des traces nombreuses de leur passage et, aussi, de leur échec. Depuis des millénaires, ils se posent les mêmes questions sans pouvoir y répondre. Depuis des millénaires, ils pataugent tous ensemble dans le même bourbier. Depuis des millénaires, les hommes vivent des vies tranquilles et désespérées dans le silence le plus profond et dans la solitude la plus complète. Pourquoi donc devrais-je continuer naïvement à chercher ce qu'ils n'ont pas trouvé, eux non plus ?

Pour contrer ce sentiment d'impuissance, je voudrais faire quelque chose d'éclatant, de sonore, de démesuré. J'aimerais me lever dans la salle de concert, monter sur la scène du théâtre, me présenter dans le grand salon du casino, d'où je pourrais crier très fort que j'en ai assez de toutes ces illusions. Que j'en ai ras le bol de ces hésitations entre le vrai et le faux, de ces incertitudes qui m'empoisonnent la vie, de ces porte-à-faux qui trompent l'œil, de ces fantômes qui apparaissent et s'évanouissent sous mon nez, de ces fantasmes qui sont peut-être réels et peut-être pas.

Il se fait tard. Les choses ne peuvent en rester là. Il faut, au contraire, que quelque chose arrive. Que je mette fin à ce sentiment d'impuissance, en apprenant à faire rapidement et efficacement la distinction entre la fiction et la réalité. Qu'à tout le moins je fasse semblant comme tout le monde. Que je me mette à sourire à belles dents, en faisant de la tête de grands signes que oui à droite et à gauche. Comme si je savais.

Comme si je m'en moquais. Comme si je pouvais exister sans réponse, sans savoir si j'ai affaire à la vérité ou à son illusion. Il faut que je retrouve, moi aussi, une volonté de vivre et de triompher.

Photos de famille

Ma fille n'aime pas la photo de ses arrière-arrière-grands-parents, que mon père m'a religieusement remise avant de partir pour l'au-delà. Je ne l'aimais pas tellement, moi non plus, mais je me sentais une obligation de la prendre dans ma maison et, à tout le moins, de la suspendre au mur d'une chambre inoccupée. Je ne pouvais tout de même pas la laisser là, par terre, parmi les mille autres objets hétéroclites de la succession, que je devais partager entre les héritiers. Son cadre ovale en bois brun est devenu une rareté et susciterait certainement la convoitise des antiquaires. Mais il n'est pas question de le vendre et d'abandonner la photo désencadrée de mes arrière-grands-parents au hasard d'un café renversé.

Les deux vieillards de la photo en noir et blanc ont un air officiel, guindé et sévère. Les yeux, surtout, sont perçants et plissés, comme si leur solennité et leur dignité dépendaient du regard. Ils portent des habits à l'ancienne, qu'ils ne revêtaient d'ordinaire que le dimanche mais qu'exceptionnellement ils avaient enfilés en prévision de la séance chez le photographe. Car c'était la tradition chez mes ancêtres récents de se rappeler à la postérité en se faisant prendre en photo tous les huit ou dix ans. La descendance pouvait ainsi suivre, sur leur visage changeant et leurs vêtements démodés, le passage inexorable du temps.

— On était pas ben beaux.

C'est ce que m'a dit tranquillement ma vieille grand-tante Denise, un jour que j'examinais avec elle des photos de la génération à laquelle elle appartenait. Comme si elle prenait sur elle la laideur présumée de tous les siens. Peut-être aussi que, par ces mots, elle tentait d'expliquer pourquoi elle n'avait pas trouvé mari, alors que nous savions pertinemment que c'était plutôt elle qui avait écarté tous les prétendants. Elle était donc restée célibataire, même si nous, les petits-neveux et les petites-nièces, nous la trouvions toujours belle. Et même si elle avait une âme encore plus belle que son visage.

J'ai bien d'autres photos d'ancêtres. Certaines remontent aussi loin que l'invention même de la photographie. Tout au moins aussi loin que l'arrivée de cette invention au pays et que sa propagation dans les villes et dans les campagnes. Un tas de petits vieux et de petites vieilles, tous sérieux et tous photographiés de face, de manière qu'on distingue bien les traits du visage. Immobiles aussi, évidemment immobiles, étant donné qu'à cette époque il fallait surtout ne pas bouger avant que se produise l'éclair de magnésium ou qu'on entende le faible déclic de l'obturateur. Ils sont là, figés dans le temps et enfermés par moi dans des enveloppes brunes, où ils survivent tranquillement. Où, à tout le moins, ils ne se détérioreront pas, ils ne tomberont pas pour toujours dans l'oubli. Pas encore, en tout cas.

Un bon nombre de ces photos sont en fait des agrandissements de cartes mortuaires, parfois le seul moyen dont je dispose pour savoir de quoi avait l'air tel ou tel ancêtre. Souvent, il s'agit de son buste seulement, qui le représente peu de temps avant sa mort, juste avant que lui (ou elle) ou ses enfants aient la bonne idée de recourir aux services d'un photographe. Plusieurs photos ont des égratignures profondes, des taches de vin ou de sauce et des coins écornés ou rognés. D'autres, qui étaient sépia à l'origine, ont pâli avec les années, rendant les personnages à peine reconnaissables. Celles qu'on avait collées sur les cartons noirs de l'album de photos traditionnel s'arrachent difficilement. Enfin, quelques-unes sont déchirées en deux, probablement par quelqu'un qui était sous le coup d'une émotion. Peut-être une fiancée qui a voulu punir par ce geste un amant qui l'avait délaissée. Peut-être une grand-mère qui a décidé d'exclure de l'album un fils alcoolique devenu la honte de sa famille.

J'ai récupéré une cinquantaine de ces photos et les ai mises en ordinateur. La plupart sont là parce qu'il s'agit d'un ancêtre dont je descends et dont le sang coule, même à très faible quantité, dans mes veines. J'ai agrandi et retouché ces visages d'autrefois. Mieux encore, mon logiciel m'a permis de réparer plusieurs des imperfections des photos et de redonner une certaine fraîcheur à tous ces défunts. Ils me sourient faiblement quand ils me regardent à partir de mon écran de veille. Et lorsque je me déplace vers la droite ou vers la gauche, ils me suivent des yeux, tout comme le font les mannequins des grandes affiches publicitaires dans les magasins.

Une de ces photos présente presque tout le clan de mes ancêtres. On l'a prise d'une bonne distance, mais la qualité est suffisante pour qu'on reconnaisse facilement les visages. On distingue sur deux, parfois trois rangées, tous les invités qui, ce jour-là, assistaient au mariage de mes grands-parents. Une trouvaille, que je me dis. Je l'ai fait agrandir et, avec l'aide de mon vieux père, j'ai réussi à identifier chacun des figurants. Mieux encore, j'ai inscrit soigneusement derrière la photo géante le nom de chaque invité, les tirant ainsi de l'anonymat qui les menaçait. Une véritable victoire contre le temps, mais une victoire dont, aujourd'hui, je ne sais trop que faire !

Une bonne vingtaine de ces photos sont en métal et remontent à l'époque où la pellicule n'était pas encore inventée. On distingue des personnages en noir et gris sur les plaquettes qui, en acier ou en étain, sont recouvertes de chlorure ou de nitrate d'argent. Malheureusement, personne n'a jamais pris la précaution d'inscrire le nom de l'ancêtre derrière sa photo, de sorte qu'il est impossible de l'identifier. Dans quelques cas, on distingue vaguement quelques lettres griffonnées rapidement, mais on ne parvient pas à déchiffrer le tout.

Je me perds en conjectures à savoir à qui j'ai affaire, sans jamais arriver à une véritable certitude. Ma grand-mère me disait que cette femme élégante, qui porte une ombrelle ou un parapluie déployé au-dessus d'un chapeau à larges bords, s'appelait Josette. Mais les renseignements généalogiques que je possède ne font allusion à personne de ce nom. Il ne reste de cette jolie femme que sa silhouette élancée qui se protège du soleil ou de la pluie. À moins qu'elle ne fasse tout simplement la coquette. Pauvre Josette! Le temps t'a complètement dévorée!

Je conserve aussi des centaines de photos pêle-mêle dans des boîtes de carton, elles-mêmes rangées au fond d'une garde-robe. Ni moi ni personne d'autre n'avons eu jusqu'à présent le courage de les trier et de les classer, de manière à les rendre facilement accessibles. Tant pis! Je ne peux consacrer plus de temps à tous ces fantômes. En revanche, je ne les oublie pas.

Il m'arrive même d'ouvrir l'une ou l'autre de ces boîtes et de plonger les mains dans les photos en vrac qui s'y trouvent. J'en retire une grosse poignée que je laisse retomber en pluie. Avant ou durant leur chute, j'ai le temps d'apercevoir et de reconnaître tel oncle debout près de l'orignal qu'il a tué, telle tante qui n'avait encore que seize ans, tel compagnon de mon premier voyage dans les Antilles. Quand elles sont toutes rentrées dans la boîte, je me dis que c'est peut-être la dernière fois qu'elles en sortent.

La dernière fois? Je le pense, sans pourtant le souhaiter. C'est que, voyez-vous, le poids de tous ces gens-là devient excessif avec le temps. Il me faudrait trouver quelqu'un pour m'appuyer et, surtout, pour prendre la relève. Or ce n'est pas tout le monde qui a le goût du passé et des ancêtres. Ma famille et mes amis ont plutôt le goût du présent. Tous ensemble, nous prenons avec nos appareils numériques des photos si nombreuses qu'elles exigent je ne sais plus combien de mégaoctets dans nos ordinateurs et dans des mémoires externes.

Bien sûr, nous tentons de ne conserver que les meilleures d'entre elles, mais nous n'avons pas toujours le courage de les jeter, même quand elles sont répétitives. Il nous faut donc lutter non seulement contre les photos de famille anciennes, mais aussi et même davantage contre les contemporaines. Celles-ci exigent une gestion serrée et assidue de leur contenu et de leur classement. Si bien que personne n'a vraiment le goût ou la tentation de se pencher sur des photos prises à l'aide de plaquettes d'étain recouvertes de chlorure et de nitrate d'argent. Il faut d'ailleurs avoir le souci et le bon sens de s'émanciper du passé et de vivre au temps présent.

Il y a quelques années, j'ai accumulé des photos de famille sur des supports électroniques que les ordinateurs récents ne peuvent plus lire ni interpréter, tellement ils ont évolué rapidement. Bien sûr, je peux encore recourir aux services d'ateliers spécialisés pour remédier au problème. Mais à plus ou moins long terme, toutes mes photos sont menacées de désuétude et de caducité. Il est même possible que, dès la prochaine génération, il soit difficile de visionner celles que je prends aujourd'hui.

Ce grave inconvénient semble d'ailleurs le talon d'Achille des technologies modernes : la difficulté ou l'impossibilité d'assurer la continuité et la permanence de l'information qu'on a stockée, quelle qu'elle soit. La cause première de ce danger, c'est la recherche du changement et du progrès à tout prix, mais sans se soucier de préserver aussi le passé. Cette menace est si grande et le remède si problématique qu'on se demande si, après tout, les anciennes photos sépia n'étaient pas une technologie supérieure, tout au moins pour ce qui est de la conservation.

Quoi qu'il en soit, quand je regarde les photos de famille que j'ai prises la semaine dernière, je me pose la question : quelle est leur espérance de vie ? Bien sûr, elles sont plus claires et plus nettes que les photos anciennes. Elles sont aussi hautes en couleur, plutôt que seulement en noir et blanc. Mais dureront-elles autant que le papier ou les plaquettes de métal ? Reconnaîtra-t-on longtemps les visages qui apparaissent sur ces photos ? Aurons-nous la bonne idée d'identifier pour la postérité nos figures fantomatiques qui se fanent et qui s'effacent ?

POUVOIR

DANS LES COULISSES

Rien ne me préparait à une carrière de fonctionnaire. Je me destinais plutôt à l'enseignement universitaire, ce vers quoi mes efforts avaient toujours porté. Mais les hasards de la vie en décidèrent autrement. Plus d'une fois, quand j'étais encore étudiant à l'université, des représentants du gouvernement fédéral me demandèrent de participer à des tâches urgentes (par exemple, deux commissions royales d'enquête), mais limitées dans le temps. J'acceptais volontiers ces engagements, qui me permettaient de payer mon loyer et qui me donnaient une vue panoramique des services offerts par l'État. Ma réputation et ma disponibilité pour ce genre de travail se répandirent rapidement. Si bien que je quittai le monde universitaire et me laissai accaparer par la grande machine de l'État.

En une douzaine d'années, des expériences uniques, des relations ponctuelles et des manœuvres habiles m'amenèrent au centre névralgique de l'appareil gouvernemental. Vers ce qu'on appelait avec respect, avec révérence même, les organismes centraux, c'est-à-dire le Bureau du Conseil privé, le Secrétariat du Conseil du Trésor et, dans une moindre mesure, le Secrétariat d'État et la Commission de la fonction publique. Je passai quelques années dans chacun d'eux, mais m'attardai plus longuement au Conseil privé, comme on disait en abrégé. On m'initia même au fameux *War Room* de l'Édifice de l'Est, où se préparaient en secret, où se préparent sans doute encore aujourd'hui les grandes stratégies du gouvernement, qui sont au cœur des orientations qu'il adopte et des décisions qu'il prend.

Mon rôle principal fut cependant de m'occuper de relations fédérales-provinciales, dans un service influent qui relevait directement du premier ministre. Il fallait le tenir au courant des événements politiques, sociaux et économiques qui survenaient dans les provinces, lui faire des rapports et des analyses sur ce qui se passait aux rencontres fédérales-provinciales, rédiger sa correspondance avec les premiers ministres provinciaux et, enfin, lui fournir un dossier de briefing sur les sujets d'actualité chaque fois qu'il se déplaçait au pays ou à l'étranger. Il fallait en particulier assister aux réunions de certains comités du Cabinet et préparer des comptes rendus officiels mais secrets au sujet des décisions que prenaient les ministres.

Le milieu était exceptionnel et privilégié, surtout à cause de l'influence peu ordinaire, peut-être même excessive, que mes collègues et moi-même exercions sur l'ensemble des services fédéraux. J'ai assisté alors à une foule de réunions et de conférences. J'ai produit un grand nombre de mémoires, lettres, discours et notes de service destinés à recevoir l'aval ou la signature du premier ministre et d'autres ministres fédéraux. Je ne parle même pas des appels téléphoniques, si fréquents qu'ils défaiaient toute estimation. Toutes ces activités, tous ces documents avaient une espérance de vie relativement courte et disparaissaient de l'actualité en peu de temps. Peut-être qu'un jour la petite histoire en fera état. Il faut dire cependant qu'avant de perdre leur intérêt ces activités et ces documents ont donné lieu à de bons moments, parfois à des situations cocasses ou même comiques.

Le bureau du premier ministre me demanda un jour d'assister, en tant que secrétaire, à une réunion entre le premier ministre et un homologue des Maritimes, au sujet d'une brûlante affaire d'actualité. Au dernier instant, cependant, le secrétaire du bureau me téléphona pour annuler ma participation. Mes services, m'expliqua-t-il, n'étaient plus nécessaires. Je n'ai donc jamais su de quoi, exactement, les deux hommes politiques avaient discuté, ni à quelle entente ils en étaient arrivés.

Le lendemain de la rencontre, le secrétaire me téléphona de nouveau pour me demander un compte rendu de la réunion qui avait eu lieu la veille entre les deux premiers ministres. Je lui rappelai qu'il avait annulé le rôle que je devais jouer au moment de cette rencontre, ce qu'il reconnut volontiers. Ce qu'il voulait, en fait, c'était bien autre chose.

Après avoir souligné l'urgence et l'importance d'un compte rendu, qui devait rendre officiel un accord conclu entre les deux paliers de gouvernement, il insista pour que j'en rédige un, même si ni lui ni moi, ni personne d'autre n'avions assisté à la rencontre. Il fallait surtout indiquer clairement, me recommanda-t-il, quels sujets avaient abordés et à quelles décisions en étaient arrivés les protagonistes. Pris au dépourvu, je lui suggérai d'en parler d'abord au premier ministre lui-même, de manière à obtenir de l'information ponctuelle. Il refusa ma proposition, en m'expliquant qu'une telle démarche serait irrecevable : les tracasseries administratives n'intéressaient pas le premier ministre. À la fin, n'ayant d'autre choix que de m'exécuter, je rédigeai un compte rendu en me fondant uniquement sur mes connaissances du dossier et sur ce qui, vraisemblablement, avait dû se passer à la rencontre. Je décidai hardiment des conclusions auxquelles, à mon avis, les deux hommes en étaient arrivés ou auraient dû en arriver. Puis je soumis en haut lieu le document confidentiel et exécutoire, qui fut accepté tel quel et dont on se montra fort satisfait. Il n'en fut plus jamais question. Encore aujourd'hui, je n'ai pas la moindre idée des conséquences que ce compte rendu soi-disant officiel a pu entraîner pour l'un ou l'autre gouvernement.

Dans ce milieu où régnait la confidentialité, on ne badinait pas avec les documents internes porteurs d'une cote de sécurité. Seul un nombre restreint d'initiés y avait accès. On les gardait jalousement, après les avoir imprimés sur du papier grand format de couleur verte, bleue ou jaune, d'après leur importance et leur destination. Selon la sensibilité des renseignements contenus dans tel document, celui qui le rédigeait lui attribuait en plus une cote de sécurité : « confidentiel », « pour les yeux des ministres seulement », « secret » ou « très secret ».

Je préparai un jour un tel document et lui donnai la cote « pour les yeux des ministres seulement », qui me paraissait à la fois nécessaire et suffisante. Suite à un malentendu, ma secrétaire alla le faire enregistrer auprès du bureau central d'information, dans l'édifice voisin. Elle ne se rendit pas compte qu'une page complète avait été omise par mégarde, ce qui rendait le texte incompréhensible. Voulant corriger l'erreur, elle retourna au bureau central afin de récupérer le document. On refusa de le lui rendre, en expliquant qu'il était déjà enregistré et que sa cote de sécurité empêchait de le remettre en circulation.

Pour dissiper le malentendu et pour faire en sorte que le document poursuive sans délai le cheminement habituel, je me rendis à mon tour au bureau central pour réclamer le document tronqué. On me le refusa également, en me rappelant que la cote indiquait clairement qu'il ne pouvait être lu par personne d'autre qu'un ministre. J'expliquai que j'étais moi-même l'auteur du document et que c'était moi qui lui avais apposé la cote en question. Rien n'y fit. Les règles étaient les règles, me répondit-on, et elles s'appliquaient à tout le monde, c'est-à-dire à tous ceux qui n'étaient pas ministres. Je dus rentrer au bureau sans le document et attendre le lendemain pour enfin obtenir en haut lieu l'autorisation de le retirer, de le compléter et de l'enregistrer à nouveau.

Plus d'une fois, les documents dits officiels furent la source de désaccords, parfois même de querelles internes. Mais de telles querelles étaient aussi confidentielles ou secrètes que les documents eux-mêmes, de sorte que rien ne transpirait de ces frictions dans le monde extérieur. Il m'arriva donc de remplir le rôle de secrétaire à l'occasion d'une importante réunion d'un des neuf comités (le nombre varie selon les gouvernements en place) du Cabinet. Je fis ce que tout gratte-papier doit faire : j'écoutai attentivement ce qui se disait, je pris comme d'habitude des notes abondantes, puis je rentrai au bureau pour rédiger un texte qui deviendrait la décision officielle.

Le processus suivit son cours normal jusqu'à ce qu'un ministre, qui était présent à la réunion du comité du Cabinet, s'oppose énergiquement à la formulation que je proposais des décisions prises. Au cours de la rencontre qui s'ensuivit entre lui et moi, il m'expliqua longuement que j'avais mal saisi le sens de la discussion. Il me dicta même les phrases qu'il souhaitait voir paraître dans le compte rendu officiel. Je compris rapidement qu'il tentait de faire dire à ce document ce que lui-même n'avait pas su convaincre ses collègues d'adopter au moment de la réunion.

Ne sachant trop que faire, j'en parlai à mon supérieur, un homme qui avait longtemps vécu et survécu dans le milieu. Il haussa les épaules et sourit d'un très large sourire. Ce qui était sa façon de me faire savoir qu'il ne pouvait m'aider, d'autant moins qu'il n'avait pas assisté à la réunion. Je modifiai le texte de manière qu'il reflète l'opinion et la volonté du ministre dissident, tout en conservant l'essentiel des décisions prises par ses collègues. Le résultat fut un document ni chair ni poisson qui, comme un horoscope, avait l'avantage et l'inconvénient de se prêter à plusieurs interprétations. Mon patron le lut en souriant de plus belle, puis me le remit sans faire de commentaire. À son langage corporel, je crus comprendre qu'il était assez content de mon tour de force.

Toute autre résolution du problème aurait sans aucun doute causé des frictions majeures ou même une confrontation directe au niveau ministériel. D'où la nécessité d'éviter le conflit à tout prix. Un conflit où, bien entendu, le secrétaire que j'avais été se transformerait automatiquement en bouc émissaire. Une situation sans issue dont je me souvins longtemps. Sans compter que, pendant des semaines, je soignai un ego passablement froissé.

Dans ce service, tout tendait vers le désordre, auquel on n'échappait qu'à force de vigilance et qu'en rectifiant constamment le tir. On me demanda un jour de préparer un document urgent en vue de sa signature par le premier ministre, en prévision d'un accord qu'on jugeait « historique » entre lui et un homologue de l'Ouest canadien. On me rappela avec insistance que la lettre d'entente devait être approuvée par le premier ministre et expédiée à son vis-à-vis dans un délai précis que je devais absolument respecter. La raison de cette urgence ? Il fallait soumettre le document assez tôt pour que la partie adverse ait le temps d'en prendre connaissance et de préparer la rencontre qui s'ensuivrait.

L'affaire suivit son train habituel dans notre service : ébauche, consultations, corrections, consensus, version finale. La journée s'achevait. Le délai imposé aussi. Tout le monde rentra chez soi. Je restai seul avec la secrétaire pour veiller à la finalisation du document. Et aussi pour le faire signer par le premier ministre. Horreur ! On m'apprit qu'il n'était plus là, qu'il était parti pour quelques jours et qu'on ne pouvait communiquer avec lui. Restaient les agents du bureau même du premier ministre, qui me permettraient d'avoir accès à sa «machine à signer». Je me précipitai : la porte était fermée à clef.

Il ne me restait que la possibilité de trouver un ministre ou un haut représentant du gouvernement qui, même s'il n'était pas au courant du dossier, consentirait à courir le risque réel de signer le document au nom du premier ministre. Je parcourus mon propre édifice, puis l'édifice Langevin, qui était relié au nôtre par un long corridor. J'entendais mes pas rapides résonner sur le parquet. Ma démarche fut vaine : je ne trouvai personne. Sauf le personnel d'entretien. Pis encore, on vint m'informer que le messager spécial qui devait acheminer le document à son destinataire était arrivé. Je demandai qu'il attende, pendant que je cherchais une solution d'urgence.

Si je retenais le document et qu'il ne partait pas comme prévu, il en résulterait des conséquences fâcheuses pour tous ceux qui étaient associés de près ou de loin à la rencontre entre premiers ministres. Si je le laissais partir sans signature, le destinataire serait justifié de douter de son authenticité et de son sérieux, et demanderait des explications à son vis-à-vis fédéral, pendant que la rencontre prévue serait reportée. Si je le signais en indiquant que je le faisais au nom du premier ministre, j'aurais à subir les conséquences d'un tel geste, puisque je n'étais pas autorisé à le faire et qu'une telle signature risquait d'éveiller les soupçons. Il ne restait qu'une solution : la moins dommageable pour tous les intervenants. J'ouvris l'enveloppe que je n'avais pas encore scellée et pris le document. Puis je le signai, en imitant de mon mieux la signature de la machine à signer du premier ministre. Je refermai le tout et remis la missive au messager, qui s'impatientait à la porte.

Je ne parlai à personne de cette affaire et personne ne m'en parla jamais. Le document se rendit à sa destination provinciale et eut l'effet désiré. Le destinataire lui-même ne découvrit pas l'astuce. Tout au moins, il n'exprima jamais aucun soupçon ni aucun doute. La réunion eut lieu comme prévu entre les premiers ministres fédéral et provincial, et il en résulta ce qui en résulta. Quelque part dans les archives de cette province, il y a un document officiel qui porte une fausse signature du premier ministre du Canada.

L'incident qui précède n'était ni fréquent ni souhaitable, ni louable. Les documents ou les lettres préparés par notre service étaient expédiés au bureau du premier ministre puis, de là, sans aucun changement apparent, à l'homologue provincial à qui ils étaient destinés. Cette routine tendait à faire la preuve que, sauf peut-être dans un cas exceptionnel et surtout hypothétique, l'intervention, l'approbation ou même la signature du premier ministre n'étaient pas toujours essentielles pour que la machine administrative fonctionne automatiquement et efficacement, pour le plus grand bien de l'État.

De plus, la charge de travail du premier ministre était si lourde et son emploi du temps si serré qu'il lui était impossible de connaître à fond et de piloter lui-même tous les dossiers. Les fonctionnaires connaissaient mieux que lui ceux qui étaient «chauds» ou difficiles. Mieux aussi que tous ceux qui gravitaient dans son entourage immédiat et qui, en son absence, n'hésitaient pas à se servir de sa machine à signer pour expédier les documents dans les provinces. Le rôle du premier ministre consistait donc surtout à pointer dans la direction politique désirée, mais sans toujours intervenir sur le plan pratique et jusque dans les infimes détails.

La majorité des travaux dans mon service s'accomplissait sous le signe de l'urgence. Ce qui faisait que nous avions constamment les nerfs à fleur de peau et souffrions d'un essoufflement permanent. D'où la nécessité de tout faire rapidement, ponctuellement et, si possible, sans erreur. Pour y arriver, il nous fallait parfois recourir à des expédients de bon aloi. Je voulus savoir un jour à quelle heure le ministre Untel prenait l'avion pour Vancouver, le lendemain matin. Plutôt que de chercher moi-même la réponse, je téléphonai à une connaissance au bureau du ministre.

— Dis donc, à quelle heure ton patron part pour Vancouver, demain?

— Je sais pas, je vais m'informer. En passant, es-tu libre pour une partie de tennis en fin de semaine?

— Pas sûr. Ça va dépendre des urgences au bureau.

— Bon, je te reviens au sujet du ministre. Je vais appeler Robert, aux Transports. Si quelqu'un le sait, c'est bien lui.

Une demi-heure plus tard, je recevais un coup de téléphone d'un agent, au bureau du premier ministre. Il disait avoir lui-même reçu une demande de la plus haute urgence en provenance du chef de cabinet du ministre des Transports. Il fallait vérifier l'heure de départ de l'avion du ministre Untel, le lendemain, et l'heure de son arrivée à Vancouver. On voulait savoir aussi s'il s'agissait d'un vol commercial ou plutôt de l'avion de l'État. Si c'était l'avion de l'État, le ministre pouvait-il être accompagné de sa femme? Que disait la réglementation officielle à ce sujet? Comment réagiraient les journalistes si jamais ils avaient vent de l'affaire? Tout ceci exigeait de ma part une discrétion absolue. Pouvais-je lui revenir dans les dix minutes?

Je le mis au courant de l'enchaînement de quiproquos et de malentendus qui avait donné lieu à toute cette effervescence. Je lui expliquai aussi que j'étais moi-même à l'origine de ce remue-ménage et l'assurai qu'il n'y avait pas vraiment d'urgence. Et comme, entre-temps, j'avais trouvé la réponse à ma propre question, j'ajoutai que le ministre Untel partait pour Vancouver à neuf heures précises, sans sa femme, à bord de l'avion du gouvernement. Ces précisions fermèrent le circuit des événements que j'avais provoqués. Tout rentra dans l'ordre.

Dans ce service, le papier était un accessoire indispensable et omniprésent de notre quotidien. Mais il arrivait des incidents cocasses où il n'était d'aucune utilité. La veille d'une conférence fédérale-provinciale très attendue et soigneusement planifiée, un premier ministre de l'est du pays, qui devait jouer un rôle essentiel durant l'événement, disparut quelques heures avant le début de la rencontre. Branle-bas de combat chez les représentants provinciaux, qui voulurent savoir où était passé leur homme. Branle-bas de combat aussi chez les fédéraux, qui voyaient menacé tout l'échafaudage des plans et des stratégies qu'ils avaient préparés pour l'occasion.

L'alerte fut donnée discrètement à tous ceux qui pouvaient aider à la recherche du personnage. On vérifia, bien sûr, la chambre d'hôtel qu'on lui avait réservée, près de celles de ses collaborateurs. On s'informa auprès de différentes sources possibles : représentants d'autres provinces, agents de sécurité, autorités municipales, chauffeurs de taxi. C'est finalement la petite pègre de la ville qui découvrit le pot aux roses.

Le premier ministre provincial avait passé la nuit dans un motel québécois, de l'autre côté de la rivière des Outaouais. La réputation de l'établissement confirmait aux yeux de tous ce qu'il tentait de cacher, mais qu'on soupçonnait déjà : il préférait les jeunes hommes aux jeunes femmes. Après l'avoir ramené à son hôtel, tous s'affairèrent à le rendre présentable pour la conférence, les excès de toutes sortes ayant fait chez lui des ravages visibles au bout d'une nuit. Sans compter que la fatigue et sa tenue débraillée ne présageaient rien de bon. Comment allait-il bien représenter sa province et, surtout, en défendre efficacement les intérêts dans l'état où il était ?

Pourtant, après une douche froide et quelques bons coups de peigne, il se débrouilla fort bien durant la journée, ce qui en étonna plusieurs. Sa forte personnalité contribua largement à lui redonner l'aplomb et la crédibilité qu'il fallait. Le succès relatif de cette conférence ne l'empêcha cependant pas d'être défait aux élections qui suivirent dans sa province. À titre de compensation, ses amis fédéraux lui décernèrent un prix de consolation : il fut nommé sénateur. Une véritable histoire de conte de fées qui finit bien.

Un jour, un beau jeune homme apparut dans l'encadrement de la porte menant à nos bureaux. Il avait une ressemblance frappante avec le magicien

Harry Potter de la romancière J.K. Rowling. Il prit officiellement possession de notre service, puisqu'en haut lieu on l'avait nommé sous-secrétaire d'État pour le récompenser d'avoir tué, à cheval sur son balai magique, un dragon qui crachait du feu et qui ravageait les campagnes... Bon, ce n'était peut-être pas exactement ce qu'il avait fait pour mériter une telle nomination, mais c'était quelque chose de semblable. Ce qui est certain, c'est qu'il subjugua tout le monde avec sa baguette de magicien.

Il me fit venir dans son bureau et m'informa qu'avec des études en lettres et en philosophie je pouvais difficilement justifier ma présence et mon rôle dans les relations fédérales-provinciales. Peut-être vaudrait-il mieux que je cherche ailleurs un poste qui conviendrait davantage à ma formation. Je tombai d'accord avec lui, m'étant toujours senti un peu mal à mon aise à cet égard. Pourtant, ce n'était pas moi qui avais sollicité le poste que j'occupais : on me l'avait offert, on m'avait même prié de l'accepter.

Je me demandai donc avec Harry Potter quelles études pouvaient bien préparer quelqu'un à remplir un rôle de médiation auprès des provinces. L'économie? Le droit? Les sciences politiques? Harry me fit savoir que, pour sa part, il avait obtenu un doctorat en mathématiques. En mathématiques!? Je me tus, de peur de l'offenser. Je réprimai aussi un sourire qui aurait pu se transformer en fou rire. Harry, lui, ne sourit pas. Il ne voyait pas du tout que, moins encore que les lettres et la philosophie, les mathématiques ne le préparaient aucunement à transiger avec les provinces, sa nomination n'exigeant aucune compétence particulière.

Le passage de Harry parmi nous ne dura que peu de temps, puisqu'on le nomma bientôt sénateur, lui aussi. Sa belle jeunesse fit bonne impression sur tous ces vieux messieurs non élus de la Chambre haute. Notre service, lui, survécut à son bref séjour et continua à s'occuper fébrilement des affaires fédérales-provinciales.

N'importe quel service de l'État peut avoir des ratés. Mais quand ils se produisent en très haut lieu, qu'ils mettent en jeu la sécurité, qu'ils peuvent entraîner de sérieuses frictions entre les intervenants et qu'ils risquent de grever les finances publiques, cela devient une tout autre affaire. C'est pourquoi on en parle rarement. C'est pourquoi on cherche plutôt à les passer sous silence, à les tenir loin des yeux du public qui, heureusement, est souvent distrait et regarde presque toujours ailleurs.

Les ratés dont il est question ici ne sont ni exceptionnels ni imaginaires. Au contraire, ils sont véridiques et, sans être fréquents, pas du tout rares. Mais dans ces hautes sphères, il faut savoir être discret et, surtout, bon joueur. Surtout, il ne faut jamais éventer la mèche, quelles que soient les raisons de le faire.

POLITICIENS

Quand j'écris au sujet des hommes politiques ou que je parle d'eux, j'ai souvent l'impression de me livrer à la médisance ou même à la calomnie. Il me semble que je souligne trop leurs défauts et leurs lacunes, et pas suffisamment leurs qualités et leurs réalisations. Pourtant, ce n'est pas mon intention et j'en éprouve du remords. Je reconnais que, comme tout le monde, les politiciens ont leurs faiblesses, mais aussi leurs forces.

Cependant, la majorité des gens n'a pas non plus une opinion très favorable de la classe politique, même si, paradoxalement, ce sont eux qui élisent les ministres et les députés à la Chambre des communes. De nombreux sondages démontrent hors de tout doute qu'exprimé en pourcentage le taux de popularité des politiciens, en regard d'autres professions et d'autres métiers, occupe toujours le bas de l'échelle. Certains affirment même qu'ils arrivent derrière les vendeurs de voitures d'occasion. Ce qui n'est pas peu dire!

Cette absence de popularité demeure constante au cours des années, ce qui tend à démontrer qu'il n'y a ni accident, ni erreur, ni saute d'humeur dans la population, pourtant souvent changeante. C'est plutôt là un fond de vérité qui ne bouge pas de manière appréciable. Les politiciens eux-mêmes sont au courant de leur impopularité, mais ne font rien ou ne peuvent rien faire qui pourrait améliorer leur image. Je me persuade donc, à la fin, que mon opinion des politiciens est conforme non seulement à celle de la population, mais aussi à celle que les élus ont d'eux-mêmes.

Pourtant, ces politiciens impopulaires se plaignent régulièrement du peu d'enthousiasme que manifestent les électeurs au moment du scrutin. Ils en concluent qu'ils sont apathiques, négligents et peu respectueux des devoirs et obligations que la démocratie leur impose. Le résultat net, c'est qu'assez souvent, moins de cinquante pour cent des gens se rendent aux urnes. Un pourcentage peu impressionnant qui, entre autres désavantages, peut mener à la défaite d'un candidat méritant, plutôt qu'à sa victoire, et à l'élection d'un personnage de moindre qualité.

Plutôt que de s'en prendre à la tiédeur des gens, il serait souhaitable que les politiciens examinent de plus près les causes de l'indifférence et de l'apathie du public. Ils découvriraient que si la population est insouciante et blasée au moment des élections, c'est qu'elle a perdu confiance dans le processus démocratique lui-même. Ils découvriraient aussi que les différents partis lui semblent tout aussi compétents ou incompétents les uns que les autres.

Les politiciens se permettent toutes sortes d'écarts et d'abus, dont voici quelques exemples :
- parachutage de candidat dans une circonscription ;
- financement occulte des campagnes électorales ;
- nomination des proches et des petits amis

au Sénat et dans les postes les plus prestigieux de l'administration;

• choix de date de scrutin en fonction des intérêts du gouvernement sortant;

• rejet des erreurs du gouvernement actuel sur un gouvernement du passé;

• vacances annuelles excessivement généreuses et parmi les plus longues au pays;

• acheminement de fonds publics vers la circonscription de tel député, de manière à favoriser sa ré-élection et ses électeurs (comme les 50 millions destinés au G 8 de Toronto, en 2010, qui se sont retrouvés magiquement dans le comté de Parry Sound – Muskoka);

• gouvernance en fonction des intérêts électoraux (le 31 janvier 2014, la première ministre du Québec Pauline Marois annonce la construction d'une cimenterie de 450 millions à Port-Daniel, en Gaspésie. Elle précise en point de presse: «Le comté de Bonaventure a fait un très bon choix lors des dernières élections et vous avez les résultats aujourd'hui de ce choix»);

• interprétation douteuse et controversée des chiffres et des données reliés aux dépenses de l'État (comme dans l'achat, vers 2010, du chasseur F 35 de la société Lockheed Martin);

• accumulation d'une dette nationale d'environ 608 milliards en 2013, d'un déficit d'environ 18,7 milliards en 2013-2014 et des frais d'intérêt sur la dette d'environ 31 milliards par année (source: *La Presse*, 5 octobre 2013);

• promesses électorales non tenues (comme le maintien de la taxe sur les produits et services (TPS) par le premier ministre Chrétien, qui avait pourtant fait campagne sur son abolition; ou encore, la nomination de 51 nouveaux sénateurs par le premier ministre Harper, qui avait pourtant déclaré en campagne électorale qu'il n'en nommerait aucun);

• régime de retraite très généreux pour les élus, un des plus généreux au pays;

• volonté tenace de rester au pouvoir le plus longtemps possible (Le premier ministre Chrétien annonce en août 2002 qu'il quittera son poste en février 2004, soit 18 mois plus tard! Il le quittera finalement en décembre 2003, trois mois plus tôt que prévu.);

• manque de transparence (refus en 2010 de laisser la vérificatrice générale Sheila Fraser examiner les dépenses de nos représentants au Parlement fédéral)...

Je m'arrête, faute d'espace et hors d'haleine!

De tels agissements sapent silencieusement la confiance de la population, qui se sent impuissante face à ces extravagances et à ces manipulations et qui, de ce fait, a tendance à se retirer des affaires de l'État. L'opposition officielle à la Chambre des communes a la responsabilité de lutter contre de tels abus. Mais joue-t-elle bien le rôle qu'on attend d'elle? Elle le fait aussi longtemps qu'elle ne forme pas le gouvernement. L'expérience démontre en effet que, si elle réussit toutefois à prendre le pouvoir, elle perpétuera à son tour les caprices et les extravagances du gouvernement sortant. De sorte que la population ne gagne rien au change!

Contrairement à ce que semblent croire les élus, les électeurs sont fort conscients des manipulations incessantes dont ils font l'objet. Ils sont aussi au courant de l'esprit tortueux et calculateur qui anime souvent l'ensemble des activités du gouvernement en place.

Un seul exemple : aussitôt les élections fédérales terminées, en mai 2011, le gouvernement conservateur a fait installer dans les bureaux de l'État, au Canada et à l'étranger, des portraits de la reine d'Angleterre, en remplacement de toiles exécutées par des peintres canadiens, comme Alfred Pellan. Ce petit tour de passe-passe symbolique et impromptu a sans doute plu à la minorité royaliste du pays. Mais il n'avait pas été évoqué clairement durant la campagne électorale, sans doute parce que ceux qui espéraient former le gouvernement savaient qu'une telle mesure heurterait de front l'opinion de la majorité et compromettrait leur chance d'être élus.

La population se souvient de manœuvres semblables, même si le gouvernement les exécute souvent en début de mandat dans l'espoir que les gens auront oublié la mauvaise foi avant le prochain scrutin. Elle en tient compte, en particulier, en choisissant de ne pas aller voter et de ne pas participer à la mise en place d'une nouvelle cuvée de représentants tout aussi cachotiers et retors.

La liste de tels écarts et de tels abus est longue. Si longue que c'est à elle que les politiciens devraient s'attaquer en priorité pour faire renaître la confiance et l'espoir dans la population. Mais tout le monde sait déjà que la plupart de ces écarts sont des vaches sacrées qui font partie des traditions et des privilèges politiques, si répréhensibles soient-ils. Il ne viendrait à l'esprit d'aucun élu de proposer des changements et des réformes, à moins, bien sûr, d'y trouver un avantage quelconque. Qu'on le veuille ou non, on voit poindre les limites de la démocratie dans cette impuissance ou dans ce refus d'apporter des améliorations au système en place, surtout quand il sert bien les intérêts des députés ou du parti politique au pouvoir.

Les discours et les promesses des politiciens laissent donc la population sceptique, au mieux indifférente. Comme elle a souvent été trompée dans le passé, elle n'est pas prête à se laisser embarquer une fois de plus au prochain scrutin. Avec les années, elle finit par se convaincre qu'un politicien ou qu'un parti politique en vaut un autre et que ce n'est pas la peine de se déranger pour une si mauvaise pièce de théâtre. Ce sont les élus eux-mêmes qui, le plus souvent, poussent la population à l'apathie, ce dont plus tard ils feignent de s'étonner et de se plaindre.

Pourquoi les choses en sont-elles là? Les causes sont nombreuses. La classe politique provient, comme on le sait déjà, de toutes les couches de la société. Elle constitue, au départ, un rassemblement hétéroclite de personnes qui, mise à part la profession d'avocat, n'ont souvent rien en commun. Ou peu. La discipline du parti et les règles parlementaires viendront peu à peu mettre de l'ordre dans cette assemblée. Chacun apprendra rapidement à renoncer à ses opinions personnelles pour se soumettre docilement à la ligne du parti, c'est-à-dire à l'avis d'une certaine majorité. Une majorité qui est en réalité l'élite du parti.

Cette discipline et ces règles donneront aussi orientation et direction à des gens qui, souvent, voulaient être élus au départ pour les avantages qu'ils espéraient tirer pour eux-mêmes (dont le prestige, la visibilité et d'autres bénéfices), plutôt que pour le bien-être et l'avancement de la population qu'ils représentent. Et ce, malgré les professions de foi qu'ils apprennent à faire régulièrement et au cours desquelles ils affirment vouloir servir avant tout les intérêts supérieurs de la nation. La population qui les écoute (et qui a le nez beaucoup plus fin qu'on le pense généralement) sait très bien que c'est là un mensonge blanc qui, avec le temps, deviendra un mensonge véritable.

Au cours des années, il y a eu peu ou pas de progrès en ce sens chez les politiciens, ni aucun souci pressant d'améliorer leur cote de popularité. La population continue d'avoir à leur sujet la même opinion aujourd'hui qu'elle avait déjà hier, ce que les sondages confirment régulièrement.

Au tournant du siècle dernier, il y a tout de même eu chez les politiciens une prise de conscience à ce sujet. Mais ils ne se sont pas attaqués directement au problème de leur image et de leur rendement. Ils ont plutôt décidé de bonifier leurs salaires et leurs avantages sociaux, en prétendant attirer par ce moyen des candidats plus intéressants et plus compétents, ce qui tendrait à améliorer la qualité du gouvernement lui-même. Ces augmentations sont régulières et automatiques et, de ce fait, échappent à peu près complètement à tout contrôle. Le revenu annuel d'un député en 2013 peut dépasser 445 000 $, si l'on compte tous les avantages et bénéfices auxquels il a droit. S'il est ministre, il reçoit plutôt 521 000 $ par année, sans compter d'autres allocations.

À ce jour, rien n'indique que cette stratégie ait donné les résultats escomptés: des élus mieux payés ne sont pas nécessairement supérieurs à leurs prédécesseurs. Ils sont plus riches, sans doute, mais leur image et leur performance sont restées, à peu de choses près, les mêmes. On se demande même si la promesse d'améliorer la qualité de la représentation au Parlement n'a pas été qu'un ingénieux prétexte pour justifier une augmentation substantielle, outrageuse même, des salaires et des privilèges de nos représentants. Il est à noter d'ailleurs qu'il n'a pas été besoin d'obtenir l'approbation de la population pour leur adoption.

C'est ainsi qu'aux dernières élections fédérales, une adjointe à un barman de la capitale a été élue à la Chambre des communes. Au moment du scrutin, la candidate NPD était en vacances à Las Vegas. Elle n'a pas mis les pieds dans sa circonscription pendant la campagne électorale, ce qui ne l'a pas empêchée d'être élue au Québec avec 5816 voix de majorité. Elle apprend maintenant à parler français, de manière à pouvoir communiquer avec ses électeurs dans leur langue. Son salaire de départ dépasse les 157731 $ par année – soit presque quatre fois le revenu annuel moyen d'un citoyen ordinaire, qui est d'environ 42000 $ – sans compter les avantages sociaux généreux et nombreux.

Les candidats aux élections sont souvent des gens qui ont déjà joué un rôle important dans leur communauté ou même à l'échelle nationale. Ce sont, par exemple, des avocats qui cherchent un moyen de s'exprimer publiquement, d'anciens maires qui redemandent du service, des professeurs qui veulent un nouveau défi. Mais parfois, ce sont aussi des arrivistes, des forts en gueule, des personnalités sonores mais creuses qui trouvent dans la politique de quoi servir leurs ambitions ou finir une carrière en beauté.

Une fois élus, tous ces candidats forment un étrange équipage. Un radeau de la Méduse? Une tour de Babel? Une «croisière qui s'amuse»? Chaque élu sait qu'il n'a qu'un mandat de quatre ou cinq ans pour faire profiter le pays de ses talents et pour tirer de la situation le plus grand bénéfice possible (qui est fréquemment celui d'être réélu). Bien entendu, il n'a pas à choisir entre ces deux objectifs et peut poursuivre les deux à la fois. Certains mettent l'accent sur le premier, d'autres sur le second.

Tout le monde l'a déjà entendu dire: le pouvoir corrompt. Une jolie métaphore! En fait, l'expression est si fréquente qu'on finit par l'accepter comme une vérité incontournable. Plusieurs estiment même qu'on n'a d'autre choix que de se résigner. Qu'il s'agit là d'une fatalité à laquelle personne ne peut échapper. Et comme ce sont souvent les politiciens qui exercent le pouvoir, on en vient à les considérer avec indulgence et à leur pardonner leurs abus, puisque, plus que quiconque, ils sont victimes du terrible virus de la corruption...

Rien n'est plus faux! Le pouvoir ne corrompt pas! Ce sont plutôt ceux qui l'exercent qui sont enclins à la corruption et qui souvent y succombent. Avant même qu'ils acquièrent le pouvoir, il y avait déjà chez eux une prédisposition latente qui n'attendait que l'occasion de se manifester. Voilà qu'elle se présente! Le politicien y cède avec une impétuosité, avec une facilité qu'on ne lui connaissait pas, dont on ne le soupçonnait même pas. Pour se disculper, il se dit qu'une fois n'est pas coutume. Que le pouvoir comporte tout de même certains privilèges. Qu'il est non pas au-dessus des lois, sans doute, mais un peu en marge, etc. Le pouvoir exige un standard moral que peu de politiciens peuvent atteindre.

On raconte que quelqu'un demanda à Churchill quelle forme de gouvernement il croyait la meilleure. Il aurait répondu: «La démocratie, hélas!» Voulant dire par là que toutes les formes de gouvernement sont déficientes, mais qu'à son avis la démocratie l'est moins que les autres. Elle n'en est pas moins imparfaite et remplie de lacunes. Sans compter que, d'un pays à l'autre, elle varie considérablement dans sa conception et dans son application. Mais la nuit, tous les chats sont gris.

En voyant fonctionner notre démocratie à nous, on constate qu'elle reste essentiellement la même au cours des années, sans changements notables (sauf peut-être pour quelques événements marquants, comme le rapatriement de la Constitution), avec des défauts énormes et évidents. Un seul exemple: le Sénat non élu et formé de petits amis des gouvernements présents et passés peut faire échec aux membres élus de la Chambre des communes en refusant d'endosser un projet de loi. Un tel refus annule le processus démocratique et ouvre la porte toute grande à l'oligarchie, c'est-à-dire à un gouvernement par les plus puissants et les plus influents. Tout le monde convient de cette vérité, mais tout le monde s'entend tacitement pour la taire. Ne dérangeons pas le dragon qui dort!

Nous fermons les yeux sur ces lacunes et nous continuons à nous accrocher à la démocratie comme à une bouée de sauvetage. Convaincus, comme Churchill, que c'est le mieux que l'humanité puisse faire. Presque heureux que cette forme de gouvernement laisse suffisamment de place et de jeu pour accommoder l'erreur, le caprice, la fantaisie. Ou même, à l'occasion, un petit mensonge, un petit passe-droit, une petite injustice. Voilà qui met du piment dans la vie parlementaire qui, autrement, pourrait devenir terriblement monotone et ennuyeuse.

JONCTION

Au moment des élections dans ma petite ville de l'est de l'Ontario, il ne m'est jamais venu à l'idée de me faire élire et de devenir le représentant officiel d'un quartier ou d'une circonscription. Au contraire, j'ai toujours affiché la plus grande indifférence pour tout ce qui touche la politique sous toutes ses formes. Surtout la politique municipale.

Les gouvernements municipaux sont plus près que les autres du quotidien et de l'ordinaire. Ils s'occupent de routes, d'aqueduc, de foire annuelle, de déneigement, de lotissement, d'incendies, d'inondations et, bien entendu, de règlements et de taxes. Je laissais à quelqu'un d'autre la chance de se faire élire et la responsabilité de s'acquitter de telles tâches, pour lesquelles je n'avais pas le moindre intérêt, ni – je l'avoue sans détour – le moindre respect. Et ce, même si je comprenais qu'il faut bien que quelqu'un se charge de ces tâches pour que les gens puissent vivre en société. Je me fixais des buts que j'estimais plus élevés et plus difficiles. Ils me mèneraient, me semblait-il, à de plus grandes choses.

Mon apathie pour la politique municipale s'est

vite transmise, par contagion, aux niveaux fédéral et provincial. Par exemple, je répétais à qui voulait m'entendre, sur un ton qui sentait le snobisme à plein nez, que je n'avais pas d'ambition électorale. Il faut dire que toute ma formation et tous mes intérêts portaient plutôt sur l'éducation et sur les arts, et que rien ne me préparait à jouer un jour un rôle politique. Exception faite, peut-être, de quelques élections réussies au collège où j'étudiais et où on m'avait fait président de ceci et de cela.

Pourtant, je n'étais pas complètement ignorant de la politique, ni réfractaire à elle. J'avais dans ma famille des parents, des oncles surtout, qui s'intéressaient de près aux élections. Ils dépensaient argent et, surtout, énergie à faire campagne en faveur de tel ou tel candidat. Plusieurs devinrent conseillers municipaux. Un autre joua le rôle très officiel d'«officier rapporteur» (traduction littérale de *returning officer*) aux élections fédérales, ce qui faisait que le bureau de scrutin se trouvait dans sa propre maison. Les lendemains d'élections donnaient lieu à des discussions et à des spéculations intenses, dont le but était de deviner si tel voisin avait voté bleu ou rouge. Ou si, comble d'horreur, il avait plutôt voté jaune, c'est-à-dire pour le parti à tendance socialiste.

Les années ont passé et la vie m'a mené ailleurs. Puis, par un curieux retour du balancier, je me suis retrouvé un jour, sans l'avoir cherché et tout à fait par hasard, dans un milieu qui était comme l'antichambre de la politique canadienne. C'était le Bureau des relations fédérales-provinciales, qui faisait partie du Conseil privé. Je remplissais des fonctions à partir desquelles, sans pourtant participer aux activités des élus, j'avais l'avantage et le privilège d'être témoin de leurs travaux, parfois même de les appuyer.

Jour après jour et pendant des années, j'ai pu observer le fonctionnement des différents mécanismes et rouages de l'État : comités du Cabinet et de la Chambre, périodes des questions, processus de prise de décision, réunions interministérielles, conférences interprovinciales, séances de breffage et de débreffage, mémoires au Cabinet, approbation de budgets, etc. Si vous pensez que c'est là du jargon administratif, c'était pour moi, au contraire, des activités de première importance et, en fait, presque des vaches sacrées.

Ces années passées à l'ombre de la tour du Parlement ont été, à bien des égards, les plus belles et les plus intéressantes que j'aie vécues. Et aussi les plus intenses et les plus difficiles. Les travaux y étaient souvent fébriles, pour ne pas dire frénétiques : on y consacrait régulièrement ses soirées et ses weekends, sans poser la moindre question et sans espérer de récompense autre que la satisfaction du travail accompli.

Il était presque certain que, chaque vendredi après-midi vers 16 heures, un petit drame surviendrait quelque part dans l'un ou l'autre des appareils de l'État. Parfois réel, parfois imaginaire, il retiendrait l'attention jusqu'au lundi matin. Il fallait rédiger de toute urgence un mémoire au Cabinet. Couvrir une réunion impromptue entre un ministre et son vis-à-vis provincial. Prendre l'avion en catastrophe pour assister officieusement à une rencontre de hauts fonction-naires dans l'ouest du pays.

Les rapports entre collègues étaient rapides et

impersonnels, la priorité étant toujours accordée à l'objectif à atteindre. L'un de nous mourut d'une tumeur au cerveau sans que les autres assistent à ses funérailles, accaparés que nous étions par les urgences. Nous y avons pourtant délégué un agent, qui représenta l'ensemble du service.

Nous souffrions tous d'un dévouement fiévreux qui exigeait toute notre énergie et qui nous consumait complètement. Nous étions des âmes damnées prêtes à tous les sacrifices (par exemple, oublier de manger pendant toute une journée ou renoncer à voir sa famille plusieurs jours de suite), plutôt que d'abandonner un seul instant l'infernale machine qui nous maintenait sous son joug et dont la marche inexorable ne s'arrêtait jamais.

Chacun savait (bien plus: on l'en avertissait!) qu'il n'était pas là pour longtemps, dans ce monde qui, littéralement, chevauchait le quotidien administratif et l'univers politique. Tôt ou tard, la machine exigerait du sang neuf, ne serait-ce que parce qu'un nouveau gouvernement venait d'être élu et qu'il lui fallait du personnel qui pensait comme lui! C'était du moins, vraie ou fausse, la raison invoquée pour déplacer en douce tel employé dysfonctionnel, récalcitrant ou épuisé. Chacun devait donc profiter de son séjour au ciel bureaucratique. Profiter aussi de l'influence et de l'ascendant extraordinaires qu'il exerçait dans toute la fonction publique. Un jour, tout cela s'arrêterait, comme un rêve ou un cauchemar se termine avec l'aube.

Toute cette activité ne m'empêchait aucunement d'observer les élus eux-mêmes et de me faire une opinion à leur sujet. Une opinion d'autant plus fiable et objective qu'elle se formait sur plusieurs années et qu'elle avait le temps de décanter, de se raffiner, de gagner en précision, en justesse. À la fin, elle présentait une image assez exacte des membres du gouvernement en place. Une image relativement exempte d'erreurs, de méprises ou d'exagérations. Et comme bon nombre de collègues finissaient par en arriver à une opinion assez semblable à la mienne, la fidélité des avis ainsi partagés s'en trouvait renforcée d'autant.

Les élus, les membres du Cabinet en particulier, provenaient de tous les milieux et avaient donc des antécédents et des caractères très différents. Certains étaient alertes et entreprenants, d'autres étaient plutôt retirés, sombres et mal assurés. Plusieurs semblaient hors de leur élément, si bien qu'on se demandait ce qu'ils venaient faire là. Dans plus d'un cas, on avait l'impression qu'une victoire inespérée au dernier scrutin les avait réquisitionnés, dans leur lointain patelin, et précipités malgré eux dans la capitale. Ils formaient tous ensemble une petite société hétéroclite qui mettait du temps à se familiariser avec le dédale des corridors, dans les édifices parlementaires, et avec les salles où siégeait tel ou tel comité auquel ils étaient assignés.

Ceux qui étaient nommés ministres devaient beaucoup apprendre en peu de temps. Eux et leur personnel pouvaient compter sur des fonctionnaires qui en savaient plus qu'eux-mêmes sur les dossiers dont ils avaient charge et sur les différents processus en place. Cet écart dans les niveaux de connaissance et d'expérience faisait souvent naître de la méfiance entre les représentants politiques et les gestionnaires chargés d'assister le ministre. Les relations devenaient parfois tendues, parfois franchement hostiles.

Toutefois, les fonctionnaires savaient déjà que leur réputation et même leur avenir dépendaient des rapports harmonieux qu'ils devaient établir avec le ministre et son personnel. De son côté, le ministre finissait par comprendre que, s'il était officiellement le patron, il ne pouvait l'être réellement sans la collaboration et le soutien de ses fonctionnaires. C'est par lui et par ses adjoints que s'opérait la jonction entre le pouvoir politique et l'univers bureaucratique. Une fois cette simple vérité comprise et acceptée par tous, la coopération devenait plus facile.

Il y avait quelque chose d'insolite dans les activités politiques qui se déroulaient sur la colline du Parlement. Et aussi quelque chose de ludique et d'enfantin à voir des adultes se livrer à ce qui ressemblait souvent à des jeux ou à du chamaillage. En les regardant agir et en les écoutant parler, on se demandait comment ils arrivaient à gouverner le pays. Pourtant, ils y arrivaient! Mais on avait l'impression d'assister à un gigantesque jeu d'échecs, comme on en voit dans les cirques ou dans les foires. Les pions traditionnels y sont remplacés par des êtres humains qui se déplacent sur l'échiquier, passant d'un carré à un autre jusqu'à ce qu'il y ait échec et mat.

Bien plus, il semblait tout à fait concevable qu'un jour ou l'autre, les élus se mettent à jouer au paquet voleur. Ou encore à la marelle, en sautant à cloche-pied dans les rectangles tracés sur le sol! Un seul exemple: deux ministres, l'un fédéral et l'autre provincial, qui se querellaient officiellement durant le jour par l'entremise des médias, étaient en fait de bons amis qui se téléphonaient le soir et qui s'amusaient fort de tout le brouhaha qu'ils avaient causé. Tout ceci créait une atmosphère surréaliste où l'improbable, où même le farfelu devenaient possibles.

Il est important de respecter les grandes traditions parlementaires. Pourtant, il est difficile de comprendre (et surtout d'accepter!) pourquoi nos représentants se mettent à courir dans les corridors du Parlement, en entendant la sonnerie qui les appelle à un vote en Chambre. Pourquoi ils espèrent que tel membre de l'opposition soit en voyage ou même gravement malade, de manière qu'il ne soit pas là pour voter au sujet de telle ou telle affaire chaudement débattue. Pourquoi un élu en engueule un autre, comme le feraient des enfants en train de se quereller, sachant qu'il jouit de l'immunité parlementaire et qu'il est à l'abri de toute conséquence fâcheuse. Pourquoi il faut écouter les charges émotives et disgracieuses auxquelles nos représentants se livrent devant les caméras, dans l'espoir d'impressionner les habitants de leur lointaine circonscription et de favoriser leur réélection. Pourquoi un député apprend à ne jamais répondre directement à une question, soit en la noyant dans un flot de paroles, soit en entraînant l'interlocuteur en douce sur un tout autre sujet, et toujours en se ménageant une porte de sortie. Pourquoi l'opposition fait de l'obstruction parlementaire en prononçant pendant plus de deux jours des discours interminables, de manière à empêcher la tenue d'un vote légitime et démocratique. Pourquoi les représentants de tous les partis ont recours à mille tours de passe-passe et à autant de démarches semblables, qu'il serait urgent d'abolir ou de réformer.

Il n'y a pas si longtemps, les députés frappaient encore leur bureau de leurs poings, dans la Chambre verte, comme le voulait la bonne tradition britannique et comme le font les bagnards, avec leur gobelet, à l'heure de la soupe. Heureusement, avec l'arrivée de la télévision parmi eux, ils ont mis fin à cette habitude, craignant de mal paraître aux yeux du public. Avec raison d'ailleurs, puisque celui-ci n'aurait sans doute pas aimé voir ses représentants se livrer à des ardeurs aussi enfantines.

Il y avait de belles accalmies dans le quotidien enfiévré que les fonctionnaires partageaient avec leurs patrons, les élus. Sans qu'ils se donnent rendez-vous, ils se retrouvaient souvent, le midi, dans la salle à manger du restaurant parlementaire, dans l'édifice de l'Ouest. Là, ils se mêlaient à qui mieux mieux, parfois occupant la même table, parfois la table voisine. Il y régnait une atmosphère d'égalité et de démocratie, du seul fait qu'ils mangeaient les mêmes omelettes ou les mêmes frites.

Cependant, une fois que, le café siroté, ils rentraient tous au bureau, la différence reprenait ses droits. La même atmosphère tendue et pourtant créatrice recommençait à se faire sentir. L'étage supérieur, qui abritait les bureaux ministériels, reprenait son air discret et privilégié. L'étage inférieur des fonctionnaires se remettait à générer assidûment ce qu'il fallait au ministre pour bien s'acquitter de ses tâches et pour être bien vu en Chambre. Les mêmes fonctionnaires veillaient aussi à bien desservir tout le Cabinet qui, lui, gérait les affaires du pays entier.

Il y eut un jour un changement de gouvernement.

Quelqu'un vint me voir et m'expliqua longuement que je ne pensais pas comme les nouveaux élus (je n'avais en fait aucune opinion personnelle, sauf celle qu'on s'attendait de trouver chez moi) et que je devais céder la place à du «sang neuf». Ce que je fis, avec toute l'élégance et tout le savoir-vivre dont j'étais capable. Et aussi avec un mélange de nostalgie et de regret, puisque je quittais le paradis administratif.

Je retrouvai les grands espaces et les pâturages verts, mais je gardai longtemps un merveilleux souvenir des jardins fleuris de la colline du Parlement.

Personnalités

Quand j'étais enfant, j'étais rempli de respect et de crainte pour les fortes personnalités qui m'entouraient. C'était d'abord le curé de ma paroisse, un Français qui avait immigré au Canada pour y sauver les âmes en perdition. Il avait la voix bourrue et fracassante, une patience munie d'une très courte mèche et les joues colorées par la couperose, conséquence de son goût immodéré pour le gros vin rouge qu'il fabriquait lui-même.

J'évitais de me trouver seul avec lui pour ne pas être écrasé, physiquement et figurément, par sa forte personne, ni subjugué par sa volonté intransigeante, qui dominait sans difficulté tous ceux qui s'adressaient à lui. En sa présence, il fallait bien se tenir et, surtout, ne jamais être en désaccord avec lui, ce qui provoquait toujours chez l'homme d'Église une irritation soudaine accompagnée d'un renflement sonore de sa grosse voix.

La directrice de l'école de mon quartier était son équivalent féminin et laïque. Une célibataire affligée d'une courte taille, à la Napoléon, à laquelle faisait pourtant contrepoids une présence dynamique et entreprenante. On disait qu'elle avait été belle en son temps. Mais les malheurs l'avaient peu à peu aigrie et rendue maussade. Elle avait un visage agréable, mais plus large que haut, surtout au niveau des mâchoires, ce qui lui donnait l'air inquiétant d'un petit pitbull.

Elle avait perdu, disait-on, son amant à la guerre et avait juré de n'embrasser dorénavant que le célibat. Quand je la rencontrais par hasard dans les corridors de l'école, je craignais toujours que ses yeux bleu acier me transpercent de part en part. Je craignais surtout qu'elle finisse par me reconnaître parmi les autres élèves, une perspective peu rassurante. Comme j'évitais le curé, je l'évitais, elle aussi.

Le curé et la directrice ne sont pas les seuls à m'avoir subjugué de leur présence imposante, mais ils ont tous deux contribué à m'alerter, à m'instruire et à me mettre en garde contre certains humains, ceux dont on dit qu'ils ont de fortes personnalités. Si, au tout début, ces mots me paraissaient flatteurs, élogieux même, j'ai mis peu de temps à avoir des réserves à leur sujet.

Plus je côtoyais, plus j'observais ces personnalités, plus il me semblait qu'elles ne méritaient pas toutes le respect et la considération qu'on leur témoignait. Je me perdais aussi en conjectures, me demandant par quelle méprise la majorité des hommes paraissait d'accord pour honorer de telles personnes. Et aussi pour les placer sur un piédestal qui, tout au moins à mes yeux, était évidemment trop élevé et trop richement décoré pour elles.

Sans le savoir, je commençais déjà à jeter sur la société et sur ses dieux un coup d'œil critique et irrévérencieux. Déjà aussi je jugeais ses vaches sacrées avec moins de bienveillance et d'indulgence qu'il aurait fallu. Mon pif m'informait qu'un bon nombre de ces personnalités exsudaient, figurément mais parfois réellement, une forte odeur de parfum bon marché que je n'arrivais pas à blairer.

Par ailleurs, il y avait autour de moi d'autres personnes que j'estimais admirables, exceptionnelles même, mais à qui les gens accordaient un poids et une considération moindres. C'était par exemple le maire de la municipalité qu'on élisait par acclamation aux quatre ans, un peu par habitude, un peu par indifférence, pour les affaires de notre petite ville. Pourtant, c'était un homme bon et efficace, qui souriait constamment et qui arrivait à ses fins par la discussion, la persuasion et le consensus, plutôt que par l'autorité et la domination. On l'écoutait donc volontiers, rassuré par sa seule présence et prêt à appuyer ses projets avant même d'en avoir pris connaissance.

Il y avait aussi le nouveau médecin qui, dans ses temps libres, rejoignait les jeunes où qu'ils soient et s'intéressait à leurs jeux, à leur musique, à leurs opinions. Il avait un don tout à fait particulier pour les attirer et les rassembler. Il leur suggérait des projets hors de l'ordinaire (une nuit passée en forêt en hiver, le repérage et l'observation de dindons sauvages, la formation d'une équipe de crosse) auxquels ils n'auraient pas songé eux-mêmes. Tout médecin qu'il était, on l'estimait autant, sinon davantage pour l'influence salutaire qu'il exerçait sur les enfants et sur les ados que pour les services de santé qu'il prodiguait à la population durant les heures de bureau.

D'instinct, je me rapprochais de ces meneurs qui savent gagner la sympathie et la collaboration de leur entourage et qui s'appuient davantage sur leur charisme et sur leur ascendant que sur la contrainte et la tyrannie. Je m'efforçais d'ailleurs de devenir moi-même un de ces meneurs, ce que j'ai réussi à accomplir dans une certaine mesure. Par exemple, en devenant le représentant élu de mon collège. En revanche, il m'était impossible de nier l'existence de ces personnes qui, même si elles étaient douées d'une présence ou même d'un magnétisme indéniables, n'en étaient pas moins désagréables ou même franchement déplaisantes.

Les gangs de rue et les *bullies* n'avaient pas encore atteint ni franchi les limites de notre ville. Nous n'avions pas à craindre les débordements et les crimes qu'ils commettent dans les grands centres urbains. Ces indésirables n'avaient donc pas chez nous d'existence officielle. Pourtant, il n'était pas rare de voir apparaître dans le milieu, surtout à l'occasion d'une partie de hockey ou d'une foire annuelle, ce qu'on appelait des taureaux de quartier ou des bulldogs de paroisse.

Il faut accueillir avec le plus grand scepticisme et la plus grande prudence ce qu'il est convenu d'appeler un chef naturel ou un meneur d'hommes. À mon avis, ils représentent ce qu'il y a de plus contraire à l'idée de démocratie. Et aussi ce qu'il y a de plus éloigné d'autres notions comme la consultation, la négociation, le compromis et l'opinion du plus grand nombre. Ils sont plutôt, assez souvent, des représentants typiques de l'égocentrisme, de l'unilatéralisme, de la vision unidirectionnelle et de la volonté unique, aveugle et contraignante.

Si ces leaders opportunistes organisent parfois des réunions et des consultations, c'est avant tout pour paraître tenir compte de l'avis des autres. Cependant, ils ne le font souvent que pour la forme, leur opinion étant déjà formée et leur décision arrêtée. Une démarche comparable à celle des tyrans du Moyen-Orient, d'Afrique et d'Amérique du Sud, qui mettent sur pied des élections où ils obtiennent des majorités absolues qui les maintiennent au pouvoir et qui légitimisent leur tyrannie. Ils ont faussé les règles du jeu ? Peut-être, mais qui, quel esprit téméraire en fera la preuve, ces règles n'étant jamais exactement les mêmes d'une démocratie à l'autre ?

Bien sûr, de tels chefs arrivistes accomplissent parfois de grandes choses. Mais ils le font un peu comme les gangsters commettent de beaux meurtres ou qu'un médecin se montre satisfait d'une belle cicatrice. Il y a dans leur efficacité et dans leurs réalisations quelque chose de gênant, d'abusif et d'outrancier qui rebute l'admiration qu'autrement nous aurions pour eux. Nous hésitons à endosser des succès obtenus par des moyens douteux et illicites que nous n'approuvons pas, que nous n'utiliserions pas nous-mêmes. Des succès obtenus sans égard au savoir-vivre, à l'honneur, aux règles établies, parfois même au bon sens. Ils laissent derrière eux un goût âcre qui persiste longtemps.

Pourtant, ce sont justement des gens comme ceux-là que, bien souvent, les chasseurs de têtes recherchent et favorisent comme cadres supérieurs. À leurs yeux, leur sans-gêne, leur rudesse, leur absence de respect et de considération pour tout ce qui se trouve sur leur chemin, y compris les subalternes, ne sont pas des objections sérieuses. Pourvu qu'ils atteignent les objectifs qu'on leur a fixés, on oublie les orteils écrasés, on ignore les cris des victimes, on enjambe les cadavres qui gisent sur le sol, on passe outre aux entorses faites aux règlements et aux conventions. Et pour se donner bonne conscience, on se répète qu'on ne fait pas d'omelette sans casser des œufs.

De tels leaders indésirables apparaissent dans toutes les couches de la société. Ils naissent et grandissent souvent dans un milieu qui favorise l'éclosion et la croissance de leur ego. Ce sont, par exemple, des enfants uniques qui accaparent l'attention entière de leurs parents, aucun autre frère ou sœur n'étant là pour la partager ou pour la leur disputer. Ce sont aussi des enfants qui, par leurs cris et leurs colères, en arrivent à subjuguer même leurs parents (surtout dans une famille monoparentale), sans qu'aucune autorité ne vienne faire obstacle à leurs caprices. Enfin, ce sont parfois des enfants bagarreurs au physique imposant qui, en se servant de leurs muscles, réussissent à dominer leur entourage et à faire respecter leurs fantasmes et leur volonté de puissance.

Pour ma part, j'ai bien des fois été témoin des agissements de telles personnes (surtout des hommes), que j'ai côtoyées en grand nombre au cours des années, en particulier dans les milieux de travail. Et j'ai toujours été étonné de la force intérieure qui les possédait, de l'inébranlable confiance en soi qui les habitait et de l'élan qu'ils arrivaient à donner aux projets qu'on leur confiait. En revanche, j'étais tout aussi étonné des limites sévères dont certains souffraient très évidemment. Notamment une intelligence très moyenne, des connaissances parfois restreintes, sinon insuffisantes, et un jugement souvent si boiteux qu'on en restait médusé. Je m'expliquais mal comment de tels personnages avaient pu se hisser au rang qu'ils occupaient déjà. Et je soupçonnais que, comme dans la pègre, ils avaient quelque part des appuis dissimulés, des parrains invisibles.

Tout ceci ne les empêchait nullement de foncer en avant tête baissée, de diriger les opérations d'une main de fer, de dicter la méthode de travail, les objectifs à atteindre et le délai pour livrer la marchandise. Il arrivait souvent aussi qu'ils s'entouraient d'employés bien choisis qu'ils dominaient facilement et qui, eux, possédaient justement les qualités qui faisaient si cruellement défaut à leurs supérieurs. Ce qui faisait que les résultats de telle ou telle initiative étaient parfois excellents, qu'ils étaient reconnus comme tels par l'organisation en question et que la gloire rejaillissait non pas sur les employés, mais plutôt sur ceux qui avaient dirigé les travaux. Ce qui est peut-être justement, entre autres, ce qu'on attend d'un chef d'entreprise : pas tellement de savoir ou de faire lui-même, mais plutôt d'avoir le talent nécessaire pour tirer parti de ce que d'autres savent et peuvent faire.

Georges était de ces hommes-là. Et moi, j'étais son bras droit. De ma position, j'observais avec intérêt et étonnement le comportement de mon ami. Car Georges était aussi mon ami. Nous étions lui le maître et moi le schnauzer, tous deux en train de faire une marche de santé. Entre nous, il y avait une laisse ambiguë, à savoir si c'était lui qui me menait ou si, au contraire, c'était plutôt moi qui lui imposais la route, la direction et la vitesse.

Quand il s'acquittait bien de ses fonctions, je le lui disais. Il bombait le thorax de plaisir. Si au contraire, il me semblait inefficace, je lui indiquais adroitement, sans le blesser, comment améliorer son rendement. Il m'écoutait alors avec attention, comme le ferait un élève soucieux d'apprendre et de progresser.

Dès la prochaine occasion, Georges reprenait son air de premier vice-président. Il se dressait de toute sa hauteur devant le lutrin, lorsqu'il y en avait un. S'il n'y en avait pas, il empoignait d'une main le micro et débitait solennellement ce que quelqu'un d'autre avait rédigé pour lui. Il prenait l'air lent et ampoulé d'un archevêque durant la Fête-Dieu, en intercalant entre ses mots des silences chargés, en arborant le regard lointain d'un amiral de vaisseau et en s'imposant l'immobilité dynamique d'une statue d'empereur monté sur son cheval. Une fois le discours terminé, ses yeux redescendaient vers l'auditoire, avide qu'il était d'entendre les premiers applaudissements. Cette fois encore, il avait bien fait les choses. Ce que je m'empressais de lui dire une fois que nous étions seuls.

Un jour qu'il souffrait d'un malaise, Georges me demanda de le remplacer au pied levé, de prononcer un discours devant un public fait surtout d'hommes d'affaires. Sans hésiter, je refusai, en invoquant je ne sais plus quel prétexte qui parut le satisfaire. En réalité, cependant, je me sentais incapable d'imiter le grand acteur que mon ami Georges était devenu. La génétique, mon ADN et tous mes antécédents ne m'avaient pas préparé à être aussi ronflant, onctueux, tonitruant, solennel, tyrannique, pontifiant et dictatorial. Ma réserve naturelle et, en fait, tout mon être m'interdisaient de jouer un jeu semblable au sien. J'en pris la résolution : je serais fidèle à moi-même et ne tenterais jamais d'être une personne autre que celle que j'étais déjà.

« LA DÉMOCRATIE, HÉLAS ! »
Churchill

On le sait déjà, la démocratie est la forme de gouvernement la plus répandue au monde, environ 116 pays sur 167 l'ayant adoptée. Malgré les apparences très diverses qu'elle prend selon les différentes nations, elle est aussi réputée la plus populaire et la plus efficace. La raison en est qu'elle reflète la volonté d'une majorité de citoyens, plutôt que celle d'une seule personne ou d'un petit groupe de dirigeants. On admet volontiers qu'elle n'est pas parfaite, qu'elle a même des vices évidents. Mais aussi longtemps que quelqu'un ne proposera pas une formule politique plus avancée, plus évoluée, la démocratie semble destinée à demeurer en place et même à gagner en popularité.

Il est d'ailleurs passablement certain que, dans l'avenir prévisible, on ne trouvera pas de forme de gouvernement supérieure. Tous les penseurs politiques du passé n'y étant pas parvenus, il ne faut pas trop parier sur les théoriciens du présent et du futur. Ce qui mène à une perspective peu réjouissante : les hommes sont condamnés à ne pas dépasser le stade de la démocratie. C'est-à-dire qu'ils n'atteindront pas prochainement le gouvernement idéal ou parfait, quel qu'il soit.

Les pays qui pratiquent déjà la démocratie s'efforcent de convaincre ceux qui sont encore aux prises avec d'autres formes de gouvernement (monarchie, oligarchie, dictature, communisme, théocratie, etc.) de se joindre à eux sans tarder. C'est ce à quoi s'appliquent en particulier les États-Unis, avec un zèle véritable, intransigeant et même contraignant. Ils font penser à ces néophytes qui se sont convertis à une religion quelconque et qui s'efforcent fiévreusement de la répandre, par la force au besoin, dans les régions où dominent d'autres croyances.

Durant les dernières décennies, les Américains sont intervenus en ce sens dans plusieurs pays de l'Amérique du Sud et du Moyen-Orient. Et paradoxalement, ils utilisent l'espionnage, la subversion, la force militaire et même la torture (qui sont tous par définition antidémocratiques) pour faire obstacle aux régimes politiques déjà en place et favoriser l'implantation de gouvernements qu'ils estiment démocratiques. Le Chili (sous Salvador Allende) et l'Iraq (sous Saddam Hussein) en sont des exemples récents.

Les dirigeants de certains pays non encore démocratiques comprennent fort bien qu'ils ont tout à gagner, non pas tant à instaurer chez eux la démocratie qu'à prétendre le faire. Ils appuient donc volontiers toute tentative en ce sens, pourvu qu'elle ne menace pas leur pouvoir personnel et ne les empêche pas de continuer à gouverner et si possible à s'enrichir. Non seulement leur réputation s'en trouve grandie sur le plan international, mais ils donnent à leur population l'impression qu'elle a son mot à dire dans l'administration du pays. Ce qui est souvent faux, bien sûr, puisque les élections qu'ils organisent de temps à autre sont truquées à leur avantage. Les résultats les confirment habituellement dans la position qu'ils occupent déjà à la tête du pays.

Dans certains cas, l'exercice devient même dérisoire, tellement le vote en leur faveur est exagéré et invraisemblable. En 1995, l'ancien dictateur de l'Irak, Saddam Hussein, a obtenu 99,96 pour cent du suffrage populaire, avant la chute de son régime en 2003 et son décès par pendaison à la fin de 2006! Plus près de nous, le 20 avril 2012, le président de la Russie, Vladimir Putin, a de nouveau triomphé aux élections de son pays. Selon les données recueillies, pas moins de 146 pour cent de l'électorat est allé voter!

Tout le monde sait que la démocratie est née dans l'ancienne Grèce. Elle s'est développée au cours des siècles, depuis les Athéniens jusqu'à présent. Elle a subi de nombreux changements qui, par étapes, ont mené à des régimes améliorés, mais différents d'un pays à l'autre. Par exemple, au cours des ans et à des degrés divers, les femmes, les gens de couleur et les esclaves ont obtenu le droit de vote, pendant que les parvenus, les puissants et les nobles ont perdu une partie de l'influence démesurée qu'ils exerçaient à l'origine.

Aujourd'hui plus que jamais, les maisons de sondage, les regroupements syndicaux et religieux, la richesse personnelle de certains candidats, les ressources de l'électronique, les organisations particulières continuent de faire des pressions plus ou moins légitimes sur l'activité démocratique. C'est le cas, par exemple, de la National Rifle Association aux États-Unis, des mouvements pro-vie et pro-choix, et des récents appels téléphoniques robotisés, qui tentent de modifier à leur avantage, parfois même de truquer le processus électoral. Tous s'efforcent d'influencer les résultats dans telle ou telle direction particulière, qui n'est pas toujours ni nécessairement la préférence de la majorité. Ils compromettent même l'objectif premier de la démocratie, qui est d'instaurer et de maintenir un gouvernement du peuple, pour et par le peuple.

À quel moment une tactique d'intervention, une stratégie électorale, un moyen de pression ou un truc publicitaire cessent-ils d'être démocratiques pour devenir abusifs ou même illégaux? Il n'y a pas toujours de ligne de démarcation claire tracée sur le sol ou inscrite dans le ciel, au-delà de laquelle tel ou tel procédé est contraire à la démocratie, parfois même criminel. Bien sûr, les directeurs d'élections peuvent émettre certaines directives, par exemple limiter les sommes d'argent qu'on peut donner au parti ou au candidat de son choix. Mais le problème n'en est pas pour cela résolu. Il devient chaque année plus aigu, si bien qu'il est difficile, sinon impossible de décider entre ce qui est acceptable et ce qui ne l'est pas.

On se demande également si la démocratie est applicable seulement en politique ou si, au contraire, on peut se servir de ses principes chaque fois que possible dans d'autres domaines. Jusqu'à présent, on a eu tendance à présumer que oui. La notion de démocratie serait valable dans la plupart des activités humaines, de la plus simple (choisir en famille le cadeau d'anniversaire de maman, ce qui exige la consultation et l'accord de, mettons, cinq personnes) à la plus complexe (déterminer qui sera, mettons, le président d'une association nationale d'éleveurs de licornes, qui compte 500 membres).

Cependant, le mot même, *démocratie,* semble démesurément solennel lorsqu'il s'agit de l'appliquer à la vie de tous les jours. Quand il faut non pas choisir un gouvernement, mais simplement déterminer, par vote, par consensus ou à main levée, l'opinion de la majorité. Quoi qu'il en soit, on a l'habitude d'utiliser le mot à propos de tout et de rien. Plus ou moins consciemment, on met en pratique un principe fondamental de la démocratie, qui est de respecter la préférence du plus grand nombre, plutôt que de laisser seulement quelques personnes, ou même une seule personne, imposer leur volonté.

La démocratie a cependant ses irritants. Un vieux professeur à moi devenait rouge de colère à la seule pensée qu'un laveur de vaisselle (métier aujourd'hui en voie de disparition ou déjà disparu!) puisse avoir une opinion contraire à la sienne à propos de ceci ou de cela. Le professeur ajoutait qu'au moment d'une élection, cet individu qu'il considérait peu ou mal informé pouvait annuler son vote à lui, qui se croyait un homme bien renseigné et au jugement sûr. Il voyait là une injustice flagrante et souhaitait un régime qui tiendrait compte de la qualité et de l'éducation des gens. Il n'admettait pas qu'en démocratie, la règle « un homme, un vote » puisse s'appliquer rigoureusement, sans prendre en considération les particularités de chaque personne, ni ses forces ni ses faiblesses.

La règle « un homme, un vote » a l'avantage de

simplifier un processus qui, autrement, serait d'une complexité excessive. Comment en effet juger des qualités et des lacunes de chaque votant éventuel? Surtout, comment établir, codifier et interpréter la valeur relative de chaque individu? La tâche paraît impossible. Mieux vaut s'en tenir, en effet, à «un homme, un vote».

Cette formule reste cependant grossière et simpliste, en ce qu'elle ne permet pas de tenir compte du mérite ni de la finesse de jugement déjà atteints par bon nombre de votants, ni surtout de leur niveau de connaissance. Ce qui représente une certaine perte de la qualité relative et du potentiel de l'électorat, de même qu'un gaspillage de l'excédent de compétence qui, étant donné la règle «un homme, un vote», n'est pas utilisé. En effet, plus la société comprend d'individus bien instruits, bien équilibrés et bien renseignés, plus son jugement d'ensemble sera éclairé. Tout au moins en principe!

La formule «un homme, un vote» ne permet pas non plus de tenir compte des connaissances limitées ni de la faiblesse de jugement dont un grand nombre d'électeurs font preuve. Ce qui représente une marge d'erreur et de médiocrité assurée et, même, acceptée à l'avance. Par exemple, tel électeur, qui n'est aucunement informé du programme des partis, vote pour tel politicien pour la simple raison qu'il aime sa moustache. Ou encore parce qu'il ressemble à son grand-père. Ou enfin parce qu'il a l'accent du pays. De même, il vote contre le gouvernement sortant parce que, l'hiver précédent, le chasse-neige n'a pas déblayé sa rue assez souvent ou parce que son chèque d'assurance-emploi avait deux jours de retard le mois dernier. Mais qu'importe tout cela : le vote de cet électeur a le même poids et la même valeur que celui de mon vieux professeur élitiste.

La démocratie apparaît donc comme un renoncement volontaire à l'excellence au profit de l'égalité entre tous les participants et de la simplicité de mise en œuvre au moment du scrutin. Elle est en fait le résultat de la préférence exprimée par les membres les plus forts et les plus faibles d'une société lors d'une élection. Ce n'est pas l'idéal, mais c'est quand même très bien. C'est le mieux qu'on puisse espérer de la meilleure forme de gouvernement.

Une autre de ses faiblesses tient au fait que l'époque moderne a inventé mille trucs, tous plus subtils et plus efficaces les uns que les autres, dont le but est non pas tant d'informer que d'influencer les gens, de manière qu'ils votent pour tel ou tel parti politique. Ce sont, par exemple, les sondages, les médias, Internet, les campagnes téléphoniques, les affiches publicitaires, les débats télévisés, le porte à porte, les envois postaux, la multiplication des rencontres politiques grâce à l'avion, etc. Leur nombre semble grandir à chaque élection.

De plus, surtout aux États-Unis mais aussi ailleurs, la séparation de l'Église et de l'État est loin d'être acquise, ni même prochaine. Les religions de toutes sortes viennent constamment brouiller les cartes et faire jouer leurs croyances dans les élections démocratiques. Elles sont devenues un des facteurs les plus influents pour ou contre les républicains et les démocrates, pour ou contre tel ou tel parti politique ailleurs qu'aux États-Unis. Une telle intervention n'est pas nouvelle dans l'histoire des démocraties, mais continue de susciter la controverse. Faut-il qu'il y ait, comme en France, une cloison étanche entre la politique et la religion? Faut-il plutôt qu'il y ait échange et complicité entre l'un et l'autre?

Tous ces moyens, dont la plupart n'existaient pas il y a deux mille ans à la naissance de la démocratie, misent sur la malléabilité de la population. Ils tentent de raffermir l'opinion que les gens ont déjà à propos de ceci et de cela ou, au contraire, de les faire changer d'avis ou d'allégeance politique. Ces moyens font-ils légitimement partie du processus démocratique? Ou plutôt, ne le corrompent-ils pas et n'empêchent-ils pas d'en arriver à des résultats objectifs? Nous savons déjà la réponse: certains sont acceptables, d'autres pas. Ils ne favorisent pas tous des élections vraiment démocratiques. Certains sont même carrément abusifs et malhonnêtes. Par exemple, une contribution financière occulte à un parti politique par une société qui, en retour, espère obtenir certains avantages.

Ce qui irrite encore davantage, c'est qu'une fois élu, le gouvernement a recours à une variété de moyens pour s'acquitter de son mandat. Il crée des comités et des sous-comités; il convoque des réunions et des assemblées populaires; il a recours à des référendums, à des firmes de consultants, à des coalitions, à des études de faisabilité, à des solutions intérimaires, à des sondages d'opinion, etc. Tout cela dans le but de donner la chance de s'exprimer au plus grand nombre possible de citoyens.

Le malheur, c'est que ces consultations populaires

donnent souvent lieu à des divergences d'opinions qui se transforment en querelles interminables. De sorte que le gouvernement est parfois contraint de remettre à plus tard des décisions urgentes. Plus grave encore, il lui arrive de donner le feu vert à des solutions douteuses ou même farfelues qui défient le bon sens.

Un seul exemple tiré du monde municipal : une certaine ville (comme il s'agit en fait de la mienne, je me suis senti autorisé à prendre quelques libertés) a mis dix ans à prendre une décision sur le meilleur moyen d'assurer le transport en commun de ses citoyens. Avant de donner son aval au troisième projet proposé, elle en a d'abord accepté puis rejeté deux autres, ce qui a entraîné des déboursés de millions de dollars en pénalités, puisqu'il y avait eu rupture de contrat. Les trois soumissions prévoyaient, avec quelques variantes, l'usage d'autobus, de trains de surface et de métros sous terre et en rase campagne. Le projet finalement approuvé combinait les trois formules : un train léger qui serait parfois souterrain, parfois à ciel ouvert, auquel s'ajouteraient des autobus à l'extrémité des parcours.

L'exercice, qui s'est déroulé sous trois maires successifs, a nécessité des centaines de réunions chez les élus et des millions d'heures de travail de la part des exécutants de tout acabit. Le tracé a été modifié quatre fois et est encore sujet à changements. Cinq comités consultatifs ont reçu et entendu l'avis d'une vingtaine de délégations de quartiers, ce qui a occasionné des querelles si violentes que les policiers de la ville ont dû intervenir à plusieurs reprises pour calmer les esprits.

Quatre entreprises ont obtenu les contrats de

conception, de construction, de financement, de gestion et d'entretien, dont un seul en partenariat public-privé s'échelonnant sur 15 ans. Comme on prévoit déjà des dépassements de coûts, la ville a exigé un filet de sécurité variant de 200 à 400 millions de dollars pour l'exécution de chaque contrat. Récemment, deux coalitions de citoyens mécontents de la tournure des événements ont entrepris des poursuites devant les tribunaux visant à casser la décision du conseil municipal et à annuler les ententes déjà conclues.

À la toute dernière minute, alors que les travaux étaient sur le point de commencer, une ville de banlieue ouest qui avait d'abord donné son aval au projet a changé d'avis brusquement et a obtenu une injonction dans le but de retarder le début de ces travaux. Elle estime maintenant que le tracé proposé passe trop prêt des habitations dans quelques-uns de ses quartiers et que le train léger constituerait une menace pour les enfants du voisinage.

Pour ne pas être en reste, des représentants du gouvernement fédéral, cette fois, croyant que la population travaillant sur la colline du Parlement ou autour d'elle serait mal desservie par les accès aux stations déjà prévues, ont demandé que les plans soient révisés afin de les améliorer.

Comme ces deux interventions inattendues ont occasionné des délais, la banlieue de l'est de la ville en a profité pour présenter une nouvelle proposition, celle de prolonger le trajet du train léger jusqu'à son lointain territoire. Ce qui exige, bien sûr, la réévaluation complète du tracé, du financement, de la date d'entrée en service, etc.

La vérité, à la fin, c'est que la démocratie qui, comme chacun sait déjà, est la meilleure forme de gouvernement au monde, est en fait une machine énorme, lourde, lente et alambiquée. Malgré ses avantages, que personne ne nie, elle mène souvent à la tergiversation, à l'impasse et à l'immobilisme. Elle est sujette à toutes sortes de pressions, de contraintes et de tensions où chacun des intervenants tente de tirer la couverture de son côté. Il en résulte des solutions parfois douteuses, dont le seul avantage est de recevoir l'appui de la majorité. Le mot d'esprit veut qu'un chameau soit en fait un cheval dessiné par un comité. Or un gouvernement démocratique (qu'il soit fédéral, provincial ou municipal) n'est autre chose qu'un comité, mais élargi, gigantesque.

Une dernière faiblesse de la démocratie, peut-être la plus irritante et la mieux dissimulée de toutes, c'est la préoccupation constante de la réélection chez les gouvernements en place et chez leurs représentants individuels. Cette obsession devient souvent maladive et relègue au second rang des problèmes beaucoup plus importants et plus urgents. Surtout, elle colore, dénature et falsifie les activités démocratiques et influe sur la plupart des décisions prises au nom de l'État (y compris les projets de loi).

Quel que soit le gouvernement élu, il n'est pas le seul ni le principal responsable des inefficacités que l'on constate. C'est plutôt la forme particulière du régime que le pays a mis en place à ses débuts. Nombreux sont ceux qui souhaiteraient une démocratie améliorée, plus alerte, plus décisive, moins sujette aux ratés et aux absurdités qu'on lui connaît. Mais il n'est pas sûr qu'on puisse l'assouplir sans du même coup compromettre les principes et les valeurs qui, justement, font d'elle la meilleure forme de gouvernement. Ce qui fait que nous nous rapprochons dangereusement de la notion d'absurde dont parlaient des philosophes comme Sartre et Camus.

D'autres régimes de gouvernement seraient-ils exempts des inefficacités et des lacunes de la démocratie? Bien sûr que non. D'ailleurs, même s'ils l'étaient, ils commettraient sans aucun doute d'autres erreurs et présenteraient d'autres faiblesses, plus graves encore que celles de la démocratie. On peut ainsi présumer, sans risque de se tromper, qu'un régime dictatorial, par exemple, aurait tendance à agir de manière plus décisive et plus expéditive. En revanche, des notions essentielles comme la justice et les droits de la personne pourraient passer au second rang ou même être tout à fait escamotées.

Qu'on ne s'y méprenne donc pas: si un pays démocratique est plus juste, plus accueillant, plus civilisé, il n'en est pas pour cela plus efficace. On est même tenté de dire: au contraire! Bien plus, on présume trop souvent que la démocratie a toujours raison. Rien n'est plus faux, ni plus absurde. Elle n'est ni infaillible, ni sacrée. Sans doute reflète-t-elle l'opinion ou la volonté du plus grand nombre. Mais le plus grand nombre peut se tromper aussi! Et quand il se trompe, c'est souvent d'une manière monumentale. La majorité, toute démocratique qu'elle soit, n'a pas le pouvoir de changer l'erreur en vérité.

Quand un très grand nombre de personnes sont du même avis, il est difficile de conclure à l'erreur. On a plutôt tendance à penser qu'elle est alors impossible, tout au moins improbable. D'ailleurs, qui fera la preuve que la majorité s'est trompée? Une seule personne n'a pas le poids ou la crédibilité nécessaire pour décider hors de tout doute qu'il y a eu erreur et que tout le monde s'est trompé, sauf elle-même.

Pour conclure à l'erreur, il faut qu'après coup elle soit constatée et reconnue par tous. En particulier, par ceux-là mêmes qui l'ont commise, en voyant que les conséquences de leur décision collective sont regrettables ou désastreuses, et qu'un redressement ou un changement de cap s'impose. Autrement, la soi-disant erreur démocratique demeure inchangée et passe telle quelle à l'histoire. Les historiens la constatent objectivement, non comme une erreur, mais comme un choix de société malheureux.

En 2011, le Québec a pris tout le Canada par surprise en votant massivement pour le Nouveau Parti Démocratique qui, avant les élections, n'avait qu'un petit nombre de députés en provenance de cette province. Surprise du chef du NPD lui-même, qui n'arrivait pas à croire à sa bonne fortune. Surprise et consternation chez les Québécois eux-mêmes, qui ne s'attendaient évidemment pas à des résultats aussi… excessifs et spectaculaires! Étonnement, silence et, même, malaise dans le reste du pays devant un tel scrutin.

Les experts ont voulu expliquer cette vague électorale de plusieurs manières. En disant qu'il s'agissait d'une montée irrésistible de la gauche québécoise, d'une tentative de renouvellement, d'une protestation contre les vieux partis poussiéreux, d'un refus du nationalisme à outrance, d'un rejet de l'option souverainiste, d'un retour vers le fédéralisme, etc. On a aussi parlé d'un mouvement de sympathie envers le chef du NPD, qui souffrait alors d'un cancer, du nouvel engouement pour l'anglais (comme en France!) dans la province, etc.

Quoi qu'il en soit, le miracle s'est produit et le parti à tendance socialiste s'est installé aux Communes. Tout le monde, y compris les Québécois, s'efforce d'oublier ce triomphe malencontreux de la démocratie. Nombreux sont ceux qui pensent ou qui espèrent qu'il ne se reproduira pas. Non pas que le NPD soit inférieur d'aucune manière aux autres partis politiques, mais plutôt que le phénomène même de son ascension brutale surprend et laisse perplexe.

La démocratie, la meilleure forme de gouvernement, continue son petit bonhomme de chemin. Avec ses soubresauts inexplicables, ses longueurs de temps, ses complexités d'exécution, ses sautes d'humeur, ses changements d'avis, ses succès et ses vertus. Il y a pourtant une exception à sa démarche habituelle. Lorsqu'il y a urgence d'agir (à cause d'un danger imminent ou quand une situation particulière l'exige), il est parfois impossible de tenir compte de l'opinion de la majorité. Par exemple, le maire d'une ville omettra de consulter la population, ce qu'il aurait dû faire normalement, et prendra unilatéralement un train de mesures immédiates pour faire face à une inondation ou à un feu de forêt.

Une telle démarche ressemble fort à l'exception qui confirme la règle. Elle est aussi la preuve par l'absurde que la démocratie a des limites très réelles, qu'il lui arrive d'être inefficace ou même dangereuse, et qu'il faut parfois suppléer à ses lacunes en faisant appel à une volonté unique et autoritaire.

Société

PINOCCHIO

Pinocchio, la célèbre marionnette de bois, avait, comme chacun sait, un nez qui s'allongeait chaque fois qu'il racontait un mensonge. Il était donc possible de savoir en tout temps si le pantin disait la vérité ou s'il mentait. Cette merveilleuse disposition n'a jamais pu être transposée chez les humains : leur nez demeure toujours de même longueur. Ce qui fait qu'il est difficile, sinon impossible, de savoir s'ils disent vrai ou s'ils sont en train de vous entourlouper.

Il est heureux que les humains ne soient pas dotés d'un nez comparable à celui de Pinocchio. Il est même souhaitable qu'ils puissent mentir à volonté, sans que cela paraisse. Le mensonge, que bien des morales dénoncent comme un péché et que les codes de lois et d'éthique condamnent comme une faute souvent grave et punissable, joue dans le quotidien un rôle important, essentiel même.

Bien entendu, il y a mensonge et mensonge. Ils ne sont pas tous égaux, ni semblables. Les plus fréquents sont les mensonges ordinaires, qui sont à proscrire avec la plus grande rigueur. Ce sont ceux auxquels on a recours dans un but personnel et égoïste, la plupart du temps dans l'espoir de se tirer d'un mauvais pas ou de bénéficier d'un avantage quelconque. C'est le mensonge du petit garçon qui nie avoir lancé une pierre dans la fenêtre, ce qu'il a pourtant bel et bien fait. C'est celui de la fillette qui prétend ne pas avoir mangé son gâteau, afin qu'on lui en offre un second. Le monde des adultes n'est pas exempt non plus de tels mensonges. Au contraire, il en est truffé. Mais tous ces mensonges ne sont, en fait, que des transgressions religieuses, que des péchés de confessionnal. Ceux-là mêmes qui font s'allonger démesurément le nez de Pinocchio.

Les autres mensonges sont moins connus, mais d'un usage encore plus fréquent. Ils sont de nature sociale, stratégique, diplomatique, ludique ou même politique. Pour bien les comprendre, il faut dépouiller le mot « mensonge » de sa signification morale, qui lui donne à tort mauvaise réputation. Et ne retenir de lui que sa dimension positive, celle qui rend son usage utile ou indispensable au bon fonctionnement de la société.

Il y a d'abord le célèbre mensonge blanc. Presque toujours, il est inoffensif, sans gravité, parfois même charmant. Tout le monde le connaît et l'accepte en souriant. Tout le monde s'en sert aussi, à l'occasion. Il est entré discrètement dans les mœurs et n'est pas près d'en ressortir. Si, pendant que vous souffrez d'une grave maladie, votre mère inquiète s'informe de votre santé, vous l'assurez que vous vous portez très bien, pour ne pas l'alarmer davantage. Si votre voisin de gauche, que vous trouvez ennuyeux, vous propose une partie de pêche à la truite, vous mentez poliment en lui disant que vous avez déjà promis à votre voisin de droite, qui est votre ami, d'aller à la chasse à la perdrix. Si votre fillette demande où est passé le bichon que vous lui avez donné en cadeau mais qu'une voiture a écrasé, vous lui répondez qu'il est parti au paradis des chiens.

Ces mensonges blancs, qui ne sont que des prétextes commodes, jouent un rôle social important. Ils ne nuisent à personne, ils favorisent la bonne entente, ils sont le plus souvent sans conséquence. Sans eux, la vérité crue risque de blesser ou d'offenser. Elle peut aussi faire naître la discorde et la rancune. Même la morale n'y voit pas toujours d'objection et ferme les yeux sur ces petites entorses à sa rigueur habituelle.

Le mensonge stratégique est un proche parent du mensonge blanc, mais il est plus sérieux, plus organisé, plus calculé. Avec le temps, il est devenu un outil utile, parfois même indispensable, à la gestion harmonieuse des rapports qu'on entretient avec son milieu. À condition, bien sûr, qu'on sache s'en servir avec intelligence, doigté et aplomb. Car, contrairement à ce qu'on pourrait penser, il n'est pas donné à tout le monde de mentir avec conviction et avec succès. C'est un art qui n'est pas inné, sans doute, mais qui exige un minimum de talent et d'apprentissage.

Si, au téléphone, votre secrétaire répond que vous n'êtes pas là, alors que vous êtes debout à côté d'elle en chair et en os, ce n'est qu'une manière polie d'informer l'interlocuteur que vous ne pouvez pas ou ne voulez pas lui parler. Il est possible que celui-ci soupçonne ou même qu'il sache que vous êtes au bureau et que votre secrétaire lui cache la vérité. Pourtant, si cet interlocuteur sait bien jouer le jeu, il ne s'en offusque pas et ne laisse voir ni agacement ni rancune. Il se rend compte que, ce jour-là, le temps vous presse, que vous êtes indisposé ou que vous n'avez pas l'information nécessaire pour tenir une conversation utile. Il s'en rend compte pour la simple raison qu'il lui arrive, à lui aussi, de se servir du même truc. Il salue donc poliment votre secrétaire, en l'informant qu'il rappellera plus tard.

Le mensonge stratégique est très répandu dans certaines entreprises et, surtout, dans les nombreuses fonctions publiques du pays. Il est devenu une manière plus ou moins consciente de communiquer, de gérer et d'entretenir des rapports avec l'entourage. Cela fait partie des mœurs et du cours normal des échanges et des transactions. Un mode de fonctionnement qui n'a aucun contenu moral, que tout le monde accepte et que chacun tente d'utiliser à son avantage chaque fois que l'occasion se présente.

Au cours d'un déjeuner d'affaires avec le directeur général X d'un service rival, le haut fonctionnaire Z vante les mérites d'un employé dont, en fait, il cherche plutôt à se débarrasser. Il parle de son entregent, de son dynamisme, de son esprit d'équipe, en donnant plusieurs exemples de dossiers qu'il a menés brillamment. Le directeur général X écoute avec attention, se demandant déjà comment il pourrait mettre la main sur un employé aussi productif, dont il a un besoin urgent. Après le déjeuner, il prend la liberté de communiquer directement avec le subalterne et de lui faire une offre alléchante, que ce dernier accepte immédiatement. En apprenant la nouvelle, le haut fonctionnaire Z se réjouit de voir que son stratagème a parfaitement réussi et que l'employé en question quittera son service dans les deux semaines. Il se frotte les mains d'aise et songe déjà au moyen à prendre pour remplir le poste de l'indésirable, qui sera bientôt vacant.

Vous connaissez déjà le mensonge diplomatique? Non? Eh bien, sachez que le secret domine si complètement les Affaires étrangères qu'il est presque impossible de savoir si, en telle ou telle circonstance, on a affaire à la vérité ou au mensonge. L'un et l'autre revêtent une importance et une valeur à peu près égales. Et l'un se fond dans l'autre et le recouvre si parfaitement qu'il est difficile de les distinguer. Si c'est la vérité, il importe de ne pas la dévoiler et, surtout, de la préserver contre toute curiosité étrangère, amie ou ennemie, au sujet des politiques, des intentions et des décisions du pays. Si, au contraire, il s'agit d'un mensonge, il est lui aussi sanctifié par le besoin impérieux de protéger le pays contre toute oreille extérieure, amie ou ennemie, puisque quelqu'un pourrait trouver moyen de tirer parti même d'une information fausse. Le jeu, on le voit, est fort complexe.

Le mensonge diplomatique revêt toujours un caractère de nécessité, de normalité et de sécurité. Le citoyen ordinaire n'en a jamais conscience, puisqu'il ne se produit que dans des sphères si élevées, si éloignées du quotidien qu'il n'est perçu ou détecté que par un petit nombre d'initiés. Et encore! Tout comme le Yéti, il ne se manifeste pour ainsi dire jamais et son existence est quasi impossible à vérifier. Rares sont ceux qui ont eu le privilège de jeter un coup d'œil dans une valise diplomatique et, mises à part les dépêches officielles et secrètes, de détecter quelque chose d'anormal parmi les chemises amidonnées et la bouteille de whisky du secrétaire d'ambassade. Pourtant, le mensonge est là, quelque part, mais l'œil qui regarde n'est pas suffisamment exercé ou averti pour le repérer facilement.

Comment donner un exemple de mensonge en diplomatie, ces deux mots n'étant sans doute pas synonymes, mais tout au moins de sens voisin? La différence principale est que la diplomatie est perçue comme respectable, noble même, alors que, le plus souvent, le mensonge ne l'est pas, surtout parce qu'il conserve encore son ancienne connotation religieuse et morale. Mise à part la respectabilité, il est difficile de les distinguer l'un de l'autre. On est donc tenté de douter de l'existence du mensonge dit diplomatique.

Mais, tout comme on devine la présence d'une planète invisible par l'attraction qu'elle exerce sur les astres voisins, on sait que le mensonge diplomatique est là. C'est par lui qu'on cache à l'ennemi éventuel l'existence de telle situation stratégique, qu'on laisse espérer une visite présidentielle qui n'aura pas lieu, qu'on choisit la ville où il y aura une rencontre de chefs d'entreprise qui se tiendra finalement ailleurs, qu'on organise la filature à l'étranger de personnes qu'on estime utile de surveiller à leur insu, etc. Et comme tout cela a pour but la défense et l'avancement du pays, on est plein de sympathie, de compréhension et d'indulgence pour les mensonges à saveur diplomatique, même si on doute toujours de leur existence.

Le mensonge ludique est beaucoup plus intéressant

que les mensonges blancs, stratégiques ou diplomatiques. Il se présente sous mille formes différentes et son but est habituellement de plaire. Le plus connu, et de loin, c'est le mensonge du père Noël, cette immense conspiration fomentée par les parents et dirigée contre les enfants de nombreux pays, surtout ceux de l'Occident. Il y a quelque chose d'attendrissant à observer toutes ces personnes d'âge mûr, qui se concertent et mentent pour le plus grand bonheur des tout petits. Ceux-ci n'y voient d'ailleurs que du feu, habitués qu'ils sont à faire confiance à leurs géniteurs. Quand ils vieillissent et qu'ils découvrent enfin la supercherie, ils pardonnent facilement la merveilleuse tromperie dont ils ont été victimes et s'empressent d'y participer à leur tour.

Certains mensonges ludiques sont franchement sympathiques, comme la fée qui paie en argent sonnant les dents de lait placées sous l'oreiller ou le lapin de Pâques qui cache partout ses œufs au chocolat multicolores. D'autres sont au contraire effrayants. Le Bonhomme Sept-heures met du sable dans les yeux des enfants. Le Loup-garou hurle toute la nuit, en tuant ceux qu'il rencontre. Le Vampire suce le sang de ses victimes endormies.

Chez les adultes, le mensonge ludique est le plus souvent planifié et exécuté avec soin. Une amie vous demande de venir l'aider à déplacer un meuble dans son appartement, alors qu'en réalité elle a invité à votre insu une quinzaine de personnes à une fête-surprise pour souligner votre anniversaire. Afin de faire plaisir à votre petite nièce, vous commettez un mensonge par omission en la laissant gagner une partie d'échecs et capturer votre roi. Échec et mat! Enfin, vous pouvez aussi envoyer votre amie faire une course inutile au bout de la ville et, à son retour, lui crier très fort, en lui montrant le calendrier : poisson d'avril!

Le mensonge politique est un jeu bien différent. En fait, ce n'est pas vraiment un jeu. Il exige chez le politicien un ego en bonne santé combiné à une assurance et à une volubilité exceptionnelles. Du talent? Il en faut aussi, mais un minimum suffit. Il faut surtout de l'audace et la faculté de dire souvent, mais autrement, les mêmes choses. Enfin, il faut que le politicien ait aussi l'aplomb nécessaire pour retirer ce qu'il vient d'avancer, sans pourtant perdre la face ni paraître se contredire. La politique est une profession exigeante et dangereuse. Elle est aussi éphémère si le débutant n'a pas le doigté et le culot nécessaires pour marcher longtemps sur la corde raide. Dans ce cas, il risque de ne jamais faire partie du Cabinet ou, pis encore, de ne pas être réélu.

Certains affirment que les politiciens abusent du mensonge. Je ne suis pas d'accord. Je suis plutôt d'avis que leurs déviations constantes par-delà ou en deçà de la vérité sont pour eux une manière de vivre. Une manière d'être, comme dirait le philosophe. Ce sont chez eux comme des aspirations et des respirations au cours desquelles la vérité est d'abord ingurgitée, puis expectorée sous une autre forme, de sorte qu'on ne la reconnaît qu'à peine et pas toujours.

Le politicien me semble donc non pas un menteur, mais plutôt un artiste, un virtuose, un acrobate, dont toute l'habileté consiste à se maintenir en équilibre entre deux ou même plusieurs pôles. Il est difficile, sinon impossible de conclure avec assurance s'il s'agit ou non d'un mensonge politique. Il est encore plus difficile de prendre le politicien lui-même en défaut, puisque son opinion se colore et se transforme sans arrêt tout au long de la courte distance qui sépare son cerveau de sa bouche.

C'est ainsi que, sur l'épineuse question de l'avortement, il appuie ouvertement la position pro-choix de son gouvernement, ce qui rassure ses collègues sur sa loyauté envers la ligne du parti. Son opinion personnelle? Il n'en a aucune. Aucune, en tout cas, qu'il veuille avouer et défendre. Cependant, comme le mouvement pro-vie a beaucoup d'adeptes, donc beaucoup d'électeurs dans sa circonscription, il accepte de prononcer à micro fermé un discours ni chair ni poisson, qui met en lumière les points forts et les points faibles des deux thèses.

Malheureusement, un micro resté ouvert à son insu fait en sorte que son discours est diffusé jusque dans la capitale. Il y a tollé, autant de la part des membres pro-choix que de leurs protagonistes pro-vie. Sans compter que les théoriciens de son parti froncent les sourcils. Ce qui oblige le politicien à affirmer publiquement qu'il n'a pas été cité correctement, qu'on a utilisé ses paroles hors contexte et même que le micro était défectueux. D'ailleurs, le vrai responsable de ce malentendu, c'est son chef de cabinet, qui aurait dû publier immédiatement un communiqué pour désamorcer l'affaire. Ce qu'il voulait plutôt dire, c'est que l'avortement, si elle doit se faire, se fera selon des règles établies par un comité mixte incluant des membres pro-vie et des membres pro-choix qui, assis à une table parfaitement ronde...

Y a-t-il eu, dans ce cas, mensonge politique? Peut-être que oui, peut-être que non. C'est difficile à dire et personne ne peut affirmer avec certitude avoir réussi à mettre le doigt dessus. Dessus quoi? Dessus le mensonge, voyons! À supposer qu'il y en ait eu un! Nous nous perdons dans les bémols et dans les atermoiements! La vérité fuit à tire-d'aile devant nos yeux. Nous sommes plutôt en présence d'une culture de la probabilité, de l'équilibre, de l'esquive et du retrait. C'est peut-être cela, à la fin, un mensonge politique!

Tout comme la friction maintient en place les ponts qui enjambent les rivières, les navires qui flottent sur l'eau et les avions qui volent dans les airs, les mensonges préservent les bonnes relations entre les gens, lubrifient les échanges entre les sociétés et les peuples, et permettent d'éviter les querelles internationales et même les guerres (...sauf les mensonges qui font s'allonger le nez de Pinocchio, bien entendu!). Sans eux, l'ordre social tel qu'on le connaît serait à jamais perturbé.

REVOLVERS ET GANGSTERS

Dans les films hollywoodiens, les gangsters sont pour-suivis par des héros qui les talonnent de près et qui ne lâchent jamais prise. Mais plutôt que de s'enfuir en rase campagne comme les voleurs de bestiaux de l'ancien Far West, ils ont tendance à monter le plus haut pos-sible à la verticale. Ils grimpent donc sur le toit des gratte-ciel, sur la charpente d'acier d'usines désaffec-tées, sur l'échafaudage et les grues entourant les édifices en construction ou dans le nid-de-corbeau des plates-formes de forage au large des côtes.

Une fois que le bandit est arrivé là-haut, le héros lui tire une balle de son .38 Smith & Wesson ou lui flanque un coup de poing sur la gueule, ce qui le précipite dans le vide. Sous l'œil ému d'une héroïne arrachée in extremis aux griffes du gangster, celui-ci s'écrase au sol devant les caméras, pendant que les billets de banque s'échappent de son porte-document ouvert et pleuvent autour de son cadavre. Le héros triomphant redescend à pied, acclamé par la foule et portant l'héroïne dans ses bras.

Ce scénario typique, qu'à quelques variantes près tous connaissent déjà, fait sourire. Tout en souriant, on se demande ce qu'il faut penser de ce rituel du cinéma américain : faire monter les bandits tout près du ciel avant de les précipiter vers la terre (à moins que ce soit plutôt vers l'enfer), où ils périssent. Un symbole infantile profondément ancré dans l'inconscient américain ? Une conception simpliste mais traditionnelle du bien et du mal ? Quelle que soit la réponse, on y retrouve l'âme triangulaire des Américains, où tout tourne autour des trois mêmes obsessions : l'argent, le sexe et le revolver. Le tout lié ensemble par le *gospel* et par les *bible punchers*.

Bien sûr, les gangsters et les héros américains se déplacent aussi sous terre. Ils marchent dans d'anciennes mines qui s'écroulent sur leur passage, dans des galeries caverneuses où, curieusement, la sortie se trouve le plus souvent au plafond, ou dans des tunnels remplis de serpents, de rats et d'araignées. Mais chez eux, le mode souterrain n'est pas très fréquent. Ces milieux étroits et obscurs se prêtent mal au jeu des caméras et ne permettent pas les belles vues en plongée. Sans compter que les gangsters n'y meurent pas avec tout l'éclat et tout le brio qu'il faudrait. Quand les balles les transpercent et leur sortent du corps, on ne voit pas bien dans l'obscurité le jet de sang qui les accompagne et qui gicle au loin. Et quand, frappés à mort, ils gesticulent savamment avant de s'écrouler, le spectateur n'est pas en mesure de bien observer l'excellence de leur jeu. Ils préfèrent donc, et de loin, mourir à l'air libre et au grand jour.

Une loi obscure, qui prend sa source dans la morale américaine, veut que, contrairement à ce qui se passe dans le vrai monde, les gangsters se tirent rarement de la situation précaire dans laquelle le mauvais sort les a plongés. Ils meurent le plus souvent sous les balles des justiciers. Ils meurent aussi par électrocution, par injection et, plus rarement, par pendaison. Les plus chanceux, comme le célèbre Charles Manson, sont incarcérés à vie, afin que le reste de la société puisse continuer à vivre tranquillement le soi-disant rêve américain. Rien n'a donc changé depuis les tout premiers films de cow-boys du Far West : les bons sont toujours récompensés et les méchants toujours punis.

Même Bonnie Parker et Clyde Barrow n'ont pu échapper, dans la réalité ou dans le film, à cette loi immuable. Ils étaient, sous les visages de Faye Dunaway et de Warren Beatty, des criminels si beaux et si sympathiques que beaucoup espéraient secrètement qu'ils survivraient. Qu'ils seraient les premiers hors-la-loi à échapper à la prison, tout au moins à l'exécution. Qu'ils arriveraient même à instaurer un nouvel ordre de valeurs aux États-Unis, où le mal prendrait officiellement la place qu'il occupe déjà officieusement. Peine perdue. Ils moururent tous les deux sous les 130 balles tirées par les fusils-mitrailleurs de la justice, près de Bienville, en Louisiane. Pas très loin de la banque qu'ils espéraient braquer, ce jour-là.

Les criminels d'autrefois, dont Bonnie et Clyde, Al Capone et John Dillinger, font figure d'enfants de chœur à côté des criminels d'aujourd'hui. Leurs armes, y compris la mitraillette Thompson, le .38 Smith & Wesson, la fameuse Winchester 73 et le non moins célèbre *Gatling gun*, font sourire en comparaison avec l'arsenal des tueurs modernes. Les efforts soutenus de la National Rifle Association ont favorisé la disponibilité et la mise en marché des technologies de guerre élaborées pour les forces militaires, de sorte que tout le monde a maintenant accès, au choix, à des fusils d'assaut comme le M16 ou le AK-47 (mieux connu sous le nom de Kalashnikov). On peut même se procurer le très moderne XM25, dont les projectiles guidés au laser permettent d'atteindre une cible que le tireur ne voit même pas.

Les criminels se sont empressés de jeter leurs anciens revolvers et leurs vieux colts pour mettre la main sur ces armes modernes qui leur permettent de remplir l'air de plomb en quelques secondes. Ils ont aussi accès à des plastics modernes et, surtout, à une foule de gadgets à la fine pointe de l'électronique qui rendent désuète la bonne vieille dynamite munie d'une mèche et d'un détonateur. Les films contemporains nous font même entrevoir une nouvelle génération de criminels, qui possèdent des engins nucléaires et des armes chimiques ou bactériologiques. Une perspective fort troublante, puisqu'on sait que la réalité n'est jamais très loin derrière la fiction.

Le deuxième amendement apporté à la Constitution américaine en 1791, il y a plus de deux siècles, donne à chaque citoyen le droit de posséder et de porter une arme à feu. On a du mal à imaginer aujourd'hui comment les législateurs de l'époque ont pu opter pour une telle mesure. Mais autres temps, autres mœurs.

On peut penser que ce deuxième amendement était nécessaire à cause de l'absence de forces policières aptes à protéger les citoyens, du nombre d'individus plus ou moins dangereux qui, venant de partout, tentaient leur chance en Amérique, du défi que présentaient les nations autochtones déjà sur place et, finalement, de l'immensité du pays à couvrir. Les historiens croient plutôt que la population craignait qu'un gouvernement fédéral trop fort abuse de son pouvoir et impose ses vues, par exemple en retirant au peuple le droit de porter des armes.

Quoi qu'il en soit, toutes ces hypothèses ont maintenant disparu. Et les conditions qui inspiraient le deuxième amendement de 1791 ont disparu, elles aussi. Ce qui fait qu'il n'y a plus aucune justification pour continuer à posséder et à porter une arme à feu. Mais les Américains refusent d'écouter toute explication de ce genre, habitués qu'ils sont à transporter un revolver sous le bras ou à la ceinture. Il n'y a pas plus sourd, dit le proverbe, que celui qui ne veut pas entendre.

L'année 1791 étant révolue depuis 220 ans, on pourrait penser que, depuis, de nouveaux amendements à la Constitution américaine seraient venus adoucir la dure vie du début de la colonie et rendre la possession et le port d'armes moins nécessaires ou même inutiles. Il n'en est rien: plusieurs jugements récents, dont celui de la Cour suprême des États-Unis en 2008, confirment et renforcent le vieil amendement de 1791. Une défaite pour les démocrates, qui favorisent un meilleur contrôle des armes à feu. Une victoire pour les républicains, qui souhaitent plutôt une liberté totale, sans aucune restriction.

Nos voisins les Américains ont donc le droit garanti par leur Constitution de s'entretuer pendant de longues années encore. Et aussi, en cas de nécessité, de se mettre le canon de leur Colt .45 dans la bouche ou sur la tempe et de tirer la gâchette. Ce qui fait que les homicides et les suicides combinés produisent chez eux, en moyenne, environ 30 000 morts par année. Si bien que les États-Unis sont, et de très loin, les champions du monde toutes catégories des décès par balle en temps de paix.

Bien des arguments militent en faveur du port d'arme chez nos voisins. En particulier, le droit de se défendre soi-même et de protéger ses biens, plutôt que de se fier à une force policière qui, fournie par l'État, n'est pas toujours rapide ni toujours efficace. On estime que, quand il s'agit de sauver sa vie, on n'est jamais si bien servi que par soi-même. Le commerce des armes à feu contribue aussi de manière importante à l'économie américaine et fait d'ailleurs partie d'un réseau beaucoup plus large, celui de la vente d'équipements militaires aux pays étrangers.

En revanche, la multiplication des armes à feu augmente la possibilité qu'on ait recours à elles dans une foule de situations qui, normalement, se résorberaient sans violence. Par exemple, les crimes passionnels et les disputes entre voisins. La multiplication des armes et la facilité de se les procurer permettent surtout des scènes d'horreur, comme les fréquents massacres d'étudiants dans les écoles et les universités. Les Américains sont pourtant prêts à défrayer les coûts sociaux exorbitants (dont le gaspillage de vies humaines) qui accompagnent la vente d'armes à feu et leur accessibilité, plutôt que de modifier le deuxième amendement de 1791. Un choix de société difficile à imaginer et à justifier.

Le cinéma hollywoodien, lui, fait ses choux gras de la très grande popularité des armes à feu. À tel point que, sans elles, on imagine difficilement aux États-Unis l'existence d'une industrie cinématographique. Il est presque impossible de regarder un de ces films sans voir surgir, à un moment ou l'autre, une arme de poing ou un fusil. En fait, il est difficile d'imaginer un scénario où l'arme à feu ne joue pas un rôle quelconque, souvent de premier plan.

L'arme de poing et les fusils en tous genres sont non seulement des accessoires importants, mais essentiels au cinéma. Des objets fétiches presque incontournables. Ils deviennent même de véritables personnages de qui dépendent l'intrigue et l'action du film. Pourquoi ? Sans doute parce que les rédacteurs de scénario ont compris depuis longtemps que, sans un Beretta par ici ou un Uzi par là, leurs textes ont peu de chance de se voir transformer un jour en pellicule. Sans doute aussi parce que les spectateurs l'exigent et qu'ils éprouvent un appétit insatiable pour les exécutions et les assassinats, et une véritable jouissance à regarder mourir les autres. N'étaient les morts que le cinéma leur jette en pâture, ils seraient peut-être tentés d'étancher cette soif d'exécutions par balles en déclarant la guerre, une vraie guerre cette fois, à un pays voisin. Il y a ici un phénomène de compensation difficile à ignorer.

Les armes font que, dans le cinéma hollywoodien, la mort est partout présente. Mais elle est irréelle, banale, presque abstraite. Les cadavres s'accumulent à un rythme effarant, sans pourtant devenir des morts tragiques. Ils sont si nombreux qu'une fois étendus sur le sol personne ne leur prête beaucoup d'attention. Les femmes versent parfois quelques larmes sèches, pendant que les hommes regardent déjà ailleurs, à la recherche de quelqu'un d'autre à combattre ou à abattre. Sauf pour les cadavres vraiment importants (comme celui d'Oussama ben Laden), on les enjambe avec nonchalance, on les abandonne sur place, on laisse à d'autres le soin de les ramasser et de les enterrer, une fois que le film sera terminé et que les spectateurs auront quitté la salle de cinéma.

On le sait, le septième art hollywoodien exerce une très grande influence, surtout en Amérique et en Europe. Les Français, en particulier, éprouvent une admiration sans bornes non seulement pour les films hollywoodien, mais également pour la musique qui leur arrive des États-Unis. En fait, ils admirent la majeure partie de ce que leur offre la culture américaine. Cependant, le culte des armes à feu ne semble pas traverser les frontières aussi facilement. Sans doute parce qu'aucun autre pays n'a dans sa Constitution un amendement désuet et caduc comme celui de 1791. En général, les lois des différents pays restreignent et contrôlent plus efficacement la vente et l'usage des armes.

Que deviendrait sans elles le cinéma hollywoodien ? Personne ne peut le dire exactement. Mais on peut penser qu'ironiquement, ce sont précisément les armes à feu qui sont une des causes et des conditions de son succès. Preuve qu'une situation déplorable ou même désastreuse peut très bien produire des effets désirables et positifs. Si les États-Unis devaient un jour proscrire les armes à feu, leur cinéma en serait ébranlé dans son fondement même. Il faudrait rapidement chercher et trouver une autre formule gagnante qui, pour l'instant, n'est nulle part en perspective.

DÉIFICATION

Il y a chez les hommes, quels que soient leur pays, leur religion et leur époque, un besoin spontané d'établir au-dessus d'eux des êtres supérieurs ou surnaturels qu'ils peuvent admirer, vénérer ou même adorer. C'est ce qu'on appelle la déification. On élève au rang de dieux des êtres que, pour toutes sortes de raisons, on estime exceptionnels et dignes d'un culte.

Souvent, ce sont des hommes et des femmes ordinaires qui, à cause de leur statut (par exemple, un noble, comme le prince William d'Angleterre), de leur talent (par exemple, une voix remarquable, comme celle de Céline Dion) ou d'une réalisation rare et hors du commun (par exemple, les inventions de Steve Jobs ou de Bill Gates), méritent le respect et l'admiration de la population.

Plusieurs religions estiment que cette croyance naturelle et spontanée chez un si grand nombre de personnes et de peuples est la preuve de l'existence d'un dieu, tout au moins d'un être supérieur. Ce qui est tout à fait possible puisque, quand une foule de gens partagent la même croyance, cela tend à accréditer la religion en question, quelle qu'elle soit. La vérité, on le sait, n'est parfois ou même souvent autre chose (hélas!) que l'avis de la majorité.

Mais l'avis de la majorité n'est pas une garantie suffisante que la vérité se trouve toujours de ce côté. L'opinion même majoritaire ne devient la vérité que lorsque la question en cause a été vérifiée et confirmée par une autre preuve plus substantielle, plus convaincante, souvent scientifique. Autrement, cette question demeure irrésolue et reste en suspens.

Pour ma part, je m'étonne que personne ne se soit penché sérieusement, semble-t-il, sur ce curieux phénomène. Celui qui fait que les hommes éprouvent le besoin irrépressible de créer des dieux au-dessus d'eux. D'installer sur un piédestal des êtres réels ou abstraits qu'ils estiment supérieurs et, surtout, devant lesquels ils peuvent se prosterner et crier leur amour et leur adoration. Un phénomène qui varie en intensité, qui ne dure souvent que quelques mois, mais qui peut aussi s'étendre sur des années, parfois sur des siècles.

Cela arrive à l'improviste, comme un ouragan, et cela envahit rapidement les villes et les campagnes. Aujourd'hui, on salue tel nouveau rockeur muni d'une chevelure tombante qui lui obstrue l'œil droit. Demain, ce sera telle héroïne dont l'unique chanson enivrante consiste à répéter «Allô, là!» Le surlendemain, ce sera plutôt telle actrice qui a montré délibérément l'aréole de son sein à la télévision. À chaque occasion, le public se soulève. Il entre en transe, aveuglé par l'admiration, transporté par la musique, couvert de sueur et sentant la mari. Il se précipite chez le coiffeur pour qu'il lui ajuste une mèche sur l'œil droit, il chante à tue-tête la chanson «Allô, là!», il cherche partout des aréoles roses.

Le même public se rendra à l'amphithéâtre de Québec pour accueillir et fêter ses héros et ses héroïnes. Debout sur la place et dans les gradins, il se laissera emporter par la musique et l'atmosphère des lieux. Il hurlera son adhésion et sa ferveur, en se balançant de droite à gauche, en levant haut les bras, en répétant à qui mieux mieux les paroles de la vedette du jour. Elle n'est pas encore dieu ou déesse, elle n'est pour l'instant qu'une étoile, qu'une idole. Mais avec le temps, son statut prendra du poids et du volume, elle s'approchera de l'état divin…

Quoi? Ce n'est pas votre genre? Ce ne sont pas ces dieux-là que vous admirez? Très bien. Ne vous en faites pas : il y en a bien d'autres parmi lesquels choisir. Vous préférez les dieux littéraires aux dieux vedettes? Aucun problème! Voici le dernier roman de l'auteur russe Oveski : *L'intolérable nudité des nénuphars.* Ça vous dit quelque chose? Non. Vous ne le connaissez pas encore. C'est normal : il vient de paraître dans les librairies de Paris. Dans trois semaines, on en parlera à Montréal, à Radio-Canada.

Un comité formé des meilleurs critiques du pays accueille Oveski à sa descente d'avion. Il est ovationné bruyamment. Chacun veut lui serrer la main et lui dire quelques mots. Plusieurs brandissent un exemplaire de *L'intolérable nudité des nénuphars* et s'efforcent de le lui faire parapher, un trophée qui occupera une place de choix dans leur bibliothèque personnelle et dont ils parleront encore dans vingt ans. Oveski (… avez-vous remarqué que les noms à consonance russe sont une garantie de succès ?) est convié à donner des entrevues à tous les postes de radio et de télévision, tout au moins ceux qui réussiront à attirer son attention et à obtenir un rendez-vous. Enfin, l'auteur russe sera, bien entendu, l'invité d'honneur au Salon du livre, où il prononcera un discours écouté.

Oveski est-il devenu un dieu littéraire ? Pas du tout ! Il présente cependant des signes prometteurs. Après sa mort (car, en général, il faut être mort pour devenir dieu), on se souviendra longtemps de lui. Assez longtemps peut-être pour qu'on puisse inscrire son nom à côté de ceux de Shakespeare, Dante, Ronsard, Dostoïevski, Whitman, Gœthe, Baudelaire et tant d'autres du même calibre. Pourtant, ce ne sont pas là des dieux. On ne les prie pas, on ne les invoque pas, on ne les adore pas. Du moins pas encore. Il faudra qu'il s'écoule bien des années avant qu'on le fasse. D'ailleurs, il n'est pas sûr qu'ils deviendront un jour des dieux à part entière, à défaut de quoi ils demeureront des demi-dieux. Ce qui n'est tout de même pas trop mal, la littérature n'étant pas un véhicule très efficace pour atteindre la difficile et pleine déification.

Là où la littérature débouche sur un cul-de-sac, le sport prend la relève. Les étoiles montantes et filantes sont ici beaucoup plus nombreuses que dans les lettres puisque, le plus souvent, la population préfère les héros du corps à ceux de l'esprit. Ceux qui excellent dans les performances intellectuelles et spirituelles sont difficiles à suivre et à comprendre. D'ailleurs, ils ne sont pas récompensés très généreusement, ils ne feront jamais partie d'un temple de la renommée et ils ne passent pas très bien à la télévision. Les exploits intellectuels ne donnent pas lieu à de belles images, comme un terrain de soccer verdoyant ou un stade au design dernier cri, lieux sacrés où évoluent si brillamment les athlètes.

Ceux et celles qui excellent au jeu jouissent d'une notoriété spontanée et deviennent des héros et des héroïnes en très peu de temps, parfois en l'espace d'une seule nuit. Les journaux et la radio du matin nous informent de ce qui vient de se produire dans d'autres villes, dans d'autres pays ou même sur d'autres continents. Ici il y a eu un trou d'un coup, là un tour du chapeau, ailleurs un sans point ni coup sûr, un match parfait, un blanchissage, un échec et mat, un K.O., un *sudden death*, etc. Si ces coups d'éclat quasi miraculeux se répètent plusieurs fois durant la saison ou encore plusieurs années de suite, alors l'athlète en cause est non seulement le héros du jour, du mois ou de l'année, mais il prend une sérieuse avance sur ses rivaux en vue d'une éventuelle déification. Babe Ruth, Maurice Richard, Tiger Woods…

On retrouve alors le nom du héros partout : à la radio, à la télévision, dans les journaux et sur les produits de consommation : casquettes, t-shirts, espadrilles, planches à neige, boîtes de céréales et de détergent, pots d'arachides, sacs de réglisse, la liste est infinie. On grave aussi son nom sur des trophées en argent, on fait de lui un modèle à imiter pour les enfants, on lui fait signer des contrats faramineux, on lui offre en cadeau une voiture sport luxueuse. On favorise même une rencontre entre lui et une vedette d'un autre sport et du sexe opposé. Le but, dans ce dernier cas, est de faire en sorte qu'ils donnent naissance à des rejetons surdoués, qui deviendront un jour des étoiles multidisciplinaires.

Malgré tout, l'athlète n'est pas encore dieu. Il n'aura même pas, comme tant de vedettes, une étoile rose incrustée dans le trottoir noir anthracite du boulevard Hollywood, à Los Angeles. En revanche, ses admirateurs sont souvent d'un enthousiasme délirant et d'une fidélité à toute épreuve : ils sont prêts à payer une fortune pour un bon billet, ils s'égosillent pour lui dans les gradins, ils se peignent le visage et le corps aux couleurs de son équipe, ils le suivent à grands frais d'une ville à l'autre ou même d'un pays à l'autre, ils dorment mal, ils mangent mal, ils négligent leur famille et leur carrière pour être témoins des moindres gestes et des moindres paroles de leur héros qui – l'ai-je déjà dit ? – n'est pas encore tout à fait dieu…

Le priera-t-on, un jour ? C'est douteux. Après tout, l'athlète, même le meilleur, n'est pas un saint, dans aucune religion. Se prosternera-t-on devant lui ? L'adorera-t-on ? C'est possible. Les journalistes n'hésitent pas à parler des « dieux du stade », en faisant allusion aux joueurs de soccer. Ces dieux envahissent les panneaux publicitaires le long des routes, les calendriers sportifs, les vêtements de leurs admirateurs et surtout le petit écran. Ils adoptent aussi des poses provocantes sur des affiches que leurs adorateurs et adoratrices épinglent sur les murs de leur chambre, à côté d'un crucifix, et devant lesquelles ils soupirent en se déshabillant pour la nuit. Les politiciens se frottent à eux, surtout au moment des élections, et encouragent la carrière des sportifs, puisqu'ils ont en retour un effet positif sur leur campagne électorale et qu'ils moussent le moral et la fierté du pays. Très évidemment, les athlètes ont des attributs qui les apparentent aux dieux.

Pourtant et malgré tout, il y a en vous un doute qui vous agace. Vous prenez finalement une décision ferme : non, les athlètes ont beau voler très haut dans le firmament, ils ne sont pas encore des dieux. Il leur manque ce petit quelque chose qui les ferait basculer clairement du côté des divinités. Il faut l'avouer : leur déification, qui allait pourtant bon train, a finalement avorté.

Il reste la politique. Non pas celle de tous les jours, qui est souvent assommante et qui ne mène jamais à une véritable déification. Même si, après leur mort, certains politiciens sont immortalisés pour quelque temps dans des livres d'histoire et de science politique. Et même si on les retrouve aussi sur les grandes photographies accrochées dans les corridors des édifices de l'État : la cuvée des élus de 1979, de 1988, de 2004, etc. En fait, la politique de tous les jours mène plutôt à la neutralité, à l'indifférence, au respect ordinaire que l'on doit aux représentants du peuple. Après tout, il faut être poli avec tout le monde. Sans compter que la politique de tous les jours peut mener aussi à la disgrâce, au rejet, parfois même à l'anonymat le plus complet.

Non, quand je dis politique, je pense surtout à ces mouvements de masse au cours desquels un roi, un empereur, une princesse deviennent l'objet d'une adoration populaire. Les gens oublient qu'ils vivent en pleine démocratie et se découvrent soudain des racines et des convictions monarchiques. Le délire s'empare d'eux, le plus souvent lorsqu'ils espèrent voir défiler devant eux, dans la rue, le roi, la reine et son petit prince. Les petites et les jeunes filles sont particulièrement vulnérables, semble-t-il, surtout celles qui rêvent d'être un jour princesse et qui vivent dans l'attente du prince charmant.

Ces gens n'ont pas encore aperçu dans la rue les représentants royaux que déjà ils trépignent de joie et d'impatience. Certains se mettent à crier, à chanter, à pleurer, en proie à des émotions intenses et incontrôlables. Dans certains cas, il ne s'agit même pas de leur roi ni de leur reine à eux, mais de celui ou de celle d'un pays voisin. C'est le cas, par exemple, de la reine Élisabeth II d'Angleterre, au cours de ses nombreuses visites au Canada. Mais qu'importe! Les gens éprouvent une frénésie inexplicable, qui trouve peut-être sa source dans les contes de fées de leur enfance (Cendrillon) ou dans les jouets d'allure princière qu'on leur a achetés à ce moment-là (un château médiéval en briques Lego).

Dans certains pays de l'Orient, on adore vraiment la royauté. On se prosterne devant le souverain, on l'implore, on le prie. La déification est acquise depuis longtemps et ne fait plus aucun doute. En Occident, cependant, les nobles ont la vie difficile. De plus en plus, le peuple les déserte et se tourne vers la démocratie. Il remet en question la monarchie, cette institution vétuste et poussiéreuse qu'on ne conserve que pour les belles parades et les cérémonies officielles, au cours desquelles piaffent des chevaux fringants attelés à des carrosses de contes de fées. Pourtant, on découvre encore et partout des relents de l'ancienne royauté. Même aux États-Unis, un pays qui se prétend à la fine pointe de la démocratie.

Il y a chez les hommes politiques américains, comme les Bush et, surtout, les Kennedy, quelque chose d'indéfinissable qui fait naître dans la population une véritable nostalgie d'un régime monarchique pourtant très éloigné dans l'histoire et dans le temps. On accepte que ces politiciens de même famille se succèdent à la tête du pays, tout au moins qu'ils exercent une grande influence sur les affaires de l'État. On passe outre à leurs défaillances pourtant évidentes, on témoigne à leurs femmes et à leurs descendants des égards inhabituels, qui excèdent la considération due aux anciens présidents et à leur famille. Cependant, tout s'arrête là. Il n'y a pas de vrais dieux américains. Sauf peut-être à Hollywood, avec Marilyn Monroe et Humphrey Bogart. Et encore!

Avez-vous ce qu'il faut pour être un jour considéré comme un dieu? Ou une déesse…? C'est possible mais, malheureusement, c'est aussi fort improbable. Il serait d'abord souhaitable que vous ayez au moins quelques gouttes de sang bleu. Il faudrait ensuite que vous fassiez preuve d'une rare excellence, par exemple dans le show-business, les arts, les sports ou la politique. Il faudrait enfin que vous arriviez à attirer l'attention, puis à séduire la foule changeante, qui est constamment en quête d'un dieu quelconque à mettre sur un piédestal. C'est chez elle un instinct plus que millénaire. En fait, il remonte très loin dans le temps, jusque dans la préhistoire. Les gens s'émancipent peu à peu de cette obsession, mais avec une lenteur vraiment désespérante. L'évolution est beaucoup moins rapide qu'on ne le croit généralement.

Le rire et le jeu

Le rire, disait Rabelais, est le propre de l'homme. Une affirmation aujourd'hui contestée, certains scientifiques prétendant qu'à leur manière certains animaux rient également. Le gorille, par exemple. Pour la plupart d'entre nous, cependant, c'est un trait qui nous distingue clairement du reste des vivants, puisque rares sont ceux qui peuvent affirmer avoir entendu rire plutôt que hennir un cheval ou que japper un chien.

Il y a chez les animaux de la gaieté et, parfois, des cris et des sons qui ressemblent au rire humain. Mais ce n'en est pas vraiment un, puisque le rire exige, nous assure-t-on, un cerveau suffisamment développé pour saisir ce qu'il y a de cocasse ou d'insolite dans des situations complexes et variées. Quoi qu'on dise, le rire témoigne de la merveille qu'est le cerveau de l'homme et de la supériorité qu'il possède sur les autres vivants.

Le rire humain a ceci de particulier qu'il se prolonge tout au long de la vie de chaque personne. Il commence à se manifester dès après la naissance et ne cesse qu'avec la mort. Il n'a rien à voir avec l'âge ou la maturité. Bien sûr, un bébé ne rit pas pour les mêmes raisons qu'un vieillard. Pourtant, il s'agit bien, chez l'un et l'autre, du même phénomène. Bien sûr aussi, certaines personnes rient plus souvent, plus facilement ou plus fort que d'autres. Mais ce sont là des traits particuliers liés au caractère de chacun.

Le plus souvent, le rire est amené par des situations qui surgissent spontanément dans le quotidien de chacun. Mais il y a aussi des situations soigneusement prévues et calculées, habituellement par des comédiens d'expérience. Ils veulent provoquer un rire irrésistible et répété chez ceux qui les observent et qui les écoutent, soit dans une salle de spectacle, soit dans les médias, surtout à la radio et à la télévision[1].

Le jeu, lui, est bien différent du rire. Si les animaux ne rient pas vraiment, en revanche ils jouent, tout comme les humains. On tombe facilement sous le charme d'un petit enfant qui s'amuse au milieu du salon avec une poupée ou un camion. On tombe tout aussi facilement sous le charme des chatons, des chiots, des renardeaux ou des lionceaux qui se bousculent et se mordillent à qui mieux mieux près du lieu où ils sont nés.

Cependant, la ressemblance s'arrête là et c'est plutôt la différence qui attire l'attention. Une fois passées l'enfance et l'adolescence, les chatons, les chiots, les renardeaux et les lionceaux cessent de jouer et se mettent à l'apprentissage de la vie qui les attend. La lionne qui revient de la chasse ne joue plus depuis longtemps. Elle fait même preuve d'impatience et de mauvaise humeur quand son rejeton, heureux de

---

[1] C'est de ce rire dont parle surtout le philosophe Henri Bergson, dans son célèbre essai intitulé *Le rire : essai sur la signification du comique* qu'il a publié en 1900.

la revoir, lui mordille joyeusement les oreilles. Et la chatte, elle, refuse de participer aux cabrioles de sa progéniture turbulente, préférant sommeiller longuement à l'écart.

La nature a doté les animaux d'un instinct sûr, surtout ceux qui vivent à l'état sauvage. Elle leur apprend qu'une fois qu'ils sont sortis de l'enfance, l'existence n'est plus un jeu, mais plutôt une lutte difficile pour se nourrir, survivre et se reproduire. Une proportion importante n'y arrive pas et meurt avant d'y parvenir. Les animaux domestiques, eux, mènent pour la plupart une existence plus simple : ils mangent bien, ils survivent facilement, ils se reproduisent sans difficulté. Le seul inconvénient, qui est considérable, c'est qu'ils vivent souvent dans le voisinage d'un abattoir, où certains d'entre eux risquent fort de se rendre un jour ou l'autre.

Comme ils ne cessent pas de rire, les humains ne cessent pas non plus de jouer. Une autre différence remarquable qui les distingue nettement des animaux ! Quand ils sont jeunes, les enfants font des bulles de savon. Les garçons passent des heures à s'exercer sur leur planche à roulettes, pendant que les petites filles déshabillent et rhabillent leur poupée Barbie. Les ados, eux, plongent dans les jeux vidéo dernier cri, multiplient les « parties de pyjamas », développent un goût prononcé pour la photographie et pensent sérieusement à faire carrière dans le soccer ou dans le hockey. Ils combattent aussi l'acné, s'initient aux secrets du maquillage et cherchent dans les couloirs de l'université le numéro de leur salle de classe. Vers le début de la vingtaine, ils entreprennent leur vie d'adulte, à laquelle ils se sont préparés depuis la petite enfance. On peut penser alors qu'ils en ont fini avec le jeu. Erreur!

Contrairement aux autres vivants, les humains n'ont jamais fini de jouer. Ils continuent de le faire tout au long de leur vie adulte. Ils jouent aux cartes, aux dards, au ping-pong, au black jack, au poker, au softball. Une minorité s'adonne aux grands sports de plein air : le golf, le tennis, le baseball, le hockey, le ski... la liste est longue. Ils le font soit à titre personnel, soit comme professionnels. Cependant, la grande majorité des gens ne fait aucun sport. S'ils entretiennent une passion permanente pour le jeu, c'est uniquement en tant que spectateurs enthousiastes.

Les admirateurs et les partisans entourent les golfeurs professionnels et, entassés les uns contre les autres, suivent de près les mouvements de la petite balle capricieuse. Les hockeyeurs, eux, sont encouragés ou conspués par des spectateurs inconditionnels. Massés dans des gradins surchargés et maquillés des oreilles au nombril aux couleurs de leur équipe préférée, ils sont bourrés de bière et de hot dogs, et s'époumonent avant, pendant et après chaque but compté. Dans les villes, les rues sont désertes les soirs où des matches de soccer ont lieu entre deux grandes équipes. Chaque famille est rivée à son poste de télé, en train de vociférer contre l'arbitre qui a osé donner un carton rouge à telle vedette.

Entre le sportif et celui qui le regarde jouer, il y a une différence énorme. En fait, il ne s'agit pas du tout du même personnage. Seulement une minorité s'adonne vraiment au sport, celui-ci se définissant comme une activité physique intense dans le but d'atteindre et de conserver un haut niveau d'efficacité ou d'excellence. Au contraire, la grande majorité des spectateurs participe plutôt à un phénomène social, qui n'exige aucun effort réel ni aucune véritable performance. Ce qu'ils adorent, ce n'est pas le sport lui-même, mais plutôt le spectacle offert par ceux qui le pratiquent. Ils en retirent une satisfaction comparable à celle d'assister à un combat de coqs ou de taureaux et, sur le plan physique, un plaisir semblable à celui d'être assis sur une plage dans une chaise longue.

L'engouement pour le sport est aussi vieux que le monde. Les vestiges de civilisations disparues en témoignent dans de très nombreux pays, dont la Grèce. Un seul exemple : à Delphes, l'ancien stade voisine et surplombe les très belles ruines de l'amphithéâtre grec, tous les deux accrochés aux flancs du mont Parnasse. Encore aujourd'hui, ils sont pourvus de sièges qui pouvaient accueillir des milliers de spectateurs, sans doute les mêmes qui assistaient soit aux compétitions sportives pythiennes, soit aux présentations théâtrales et musicales.

Depuis cette époque et durant le Moyen-Âge, les sports ont périclité et n'occupent dans l'histoire qu'une place relativement modeste. Peut-être parce que, pendant des siècles, les guerres innombrables ont acquis une importance et une urgence nouvelles, supplantant les jeux dans l'esprit et dans la vie des gens. Peut-être aussi parce que le jeu apparaît souvent comme un simulacre, un pis-aller ou un ersatz de la guerre. Par exemple, les joutes et les tournois des chevaliers du Moyen-Âge étaient si meurtriers qu'ils tenaient autant de la guerre que du jeu.

Au tournant du vingtième siècle, les sports ont connu une recrudescence marquée avec le retour en faveur des Jeux olympiques, aussi bien en Amérique qu'en Europe. Sans compter que, malgré les ravages causés par les guerres incessantes, les innovations dans les sciences et dans l'industrie ont contribué largement à libérer les travailleurs de l'esclavage du quotidien, ouvrant les portes à une ère nouvelle, où les loisirs occupent une place chaque jour grandissante.

Dès la fin du dix-neuvième siècle, les gens ont laissé tomber le pic, la pelle, le torchon et la marmite pour se diriger plutôt vers des emplois plus satisfaisants, plus payants et, surtout, moins accaparants. Ils ont acheté des frigos et des lave-vaisselle, qui ont exercé sur l'évolution économique et sociale une influence peut-être aussi grande que celle des politiciens. En l'espace d'une ou deux générations, des manœuvres sont devenus des avocats et des ménagères des propriétaires de petites entreprises. D'autres ont réussi à signer des contrats fabuleux avec des équipes sportives et professionnelles ou avec l'une ou l'autre des organisations olympiques : jeux d'hiver, jeux d'été, jeux paralympiques, jeux olympiques de jeunesse, etc.

En Europe et surtout aux États-Unis, les sports ont connu une croissance si extraordinaire qu'on pourrait légitimement parler de révolution. Cette nouvelle vague a rapidement gagné d'autres pays, où elle a amené des changements irréversibles. En l'espace de trente ou quarante ans, le sport a modifié nos valeurs et bouleversé nos manières de vivre et même de penser. Le soccer, le baseball, le golf, le hockey et le tennis, pour ne mentionner que ceux-là, sont devenus des autoroutes sociales qui, chaque jour, déversent dans la population, par centaines, de nouveaux héros et des millionnaires instantanés.

Les sports ont aussi influencé l'éducation, surtout en milieu universitaire, si bien qu'elle s'en est trouvée profondément modifiée. Vous songiez à une carrière en médecine ou en droit international? En êtes-vous bien sûr? Il faudrait peut-être revoir vos options! Les spécialisations et les diplômes dans différents domaines sportifs prennent souvent le pas sur les bonnes vieilles études classiques: chimie, philosophie, biologie, architecture, sciences de la santé. Les universités américaines, en particulier, offrent des cours orientés exclusivement vers des carrières dans l'une ou l'autre des disciplines sportives, qui se comptent par centaines.

C'est là un virage à angle droit dont il ne faut pas seulement s'accommoder, mais dont on doit aussi tirer parti, puisqu'il est le prélude et l'amorce d'une nouvelle vision de l'avenir. Désormais, la vie dans le monde occidental ne sera plus jamais la même. Les sports ont connu une ascension fulgurante qui les a propulsés au-delà des métiers et des professions. Vous en doutez? Comme le répètent si souvent les Borgs de la série télévisée *Star Trek*, toute résistance est futile. Et toute tentative de faire marche arrière est irréaliste et impensable dans l'avenir prévisible.

Cette révolution a donné lieu à des salaires et à des bonis mirobolants qui ont provoqué des injustices, tout au moins des distorsions importantes dans le poids relatif attribué par la société aux activités rémunérées. En une seule année, un joueur de hockey moyen gagne un salaire équivalant à celui de deux ou trois ouvriers moyens travaillant toute leur vie, soit environ deux millions et demi de dollars. Entre les années 2000 et 2011, le pilote de Ferrari, Michael Schumacher et le golfeur Tiger Woods pouvaient espérer chacun des revenus annuels (en salaire, primes et autres sources) dépassant très largement les 100 millions de dollars (180 millions dans le cas de Schumacher). Les sommes recueillies par certains sportifs éclipsent même les rémunérations extravagantes qui sont monnaie courante dans les milieux bancaires. De tels écarts ont fait naître un sentiment d'injustice et d'émulation dans la population. Ils ont aussi fait naître chez elle le désir d'améliorer sa situation financière et sociale par tous les moyens. Chacun tente d'imiter, dans la mesure du possible, les sportifs millionnaires.

Par ailleurs, les héros du sport sont devenus conscients de leur poids social et politique. Et aussi de leur influence, qui leur vient principalement de leur célébrité et de leur fortune personnelle. Ils ont commencé à s'en servir pour faire avancer des dossiers qu'ils privilégient. Par exemple, appuyer un débat politique (comme l'épineuse question des autochtones), soutenir une cause sociale (comme la lutte contre la pauvreté), souligner un problème environnemental (comme la fonte rapide des glaces de l'Arctique).

Nous assistons en fait à l'émergence d'un nouveau pouvoir qui déborde le strict cadre des sports pour s'étendre à d'autres domaines. Par exemple, à celui de la radio et, surtout, de la télévision. La « soirée du hockey » (et bientôt, les matches de soccer, qui gagnent en popularité) a acquis depuis longtemps une préséance incontestée sur les émissions habituelles. Elle occupe les meilleurs créneaux horaires et, souvent, déplace et repousse plus tard d'autres présentations télévisées, y compris les nouvelles nationales.

Plus qu'un engouement, le sport est devenu, en quelque sorte, le couronnement et l'apogée de la société actuelle, éclipsant la plupart, sinon toutes nos autres activités. Il canalise l'ambition de la majorité des jeunes et des moins jeunes. Il exerce sur des milliers ou même sur des millions d'enfants une influence décisive, chacun espérant, encouragé par ses parents, devenir un jour un Gretsky au hockey, un Ronaldo au soccer ou un Jordan au ballon-panier. Il donne aux adultes un plaisir sans cesse renouvelé et, par personne interposée, l'occasion et l'illusion de participer à un événement sportif. Il leur donne surtout le sentiment d'appartenir à une cause, ce que la politique et même la religion n'arrivent pas toujours à lui procurer avec autant de force et de satisfaction.

Le sport met de la couleur et de l'espoir dans la vie des gens. Il sert d'antidote efficace au pessimisme généré par les guerres incessantes, les catastrophes naturelles, les soubresauts de l'économie mondiale et un quotidien souvent exaspérant. Et comme il se prête bien aux spectacles de toutes sortes, aussi bien sur les terrains de jeu et dans les centres sportifs qu'à la télévision, les médias et les promoteurs de tout acabit voient dans le sport une source inépuisable de revenus. Personne n'a donc avantage à voir diminuer son emprise et sa popularité.

Au contraire, tous voudraient qu'augmente chaque année le nombre d'équipes, de matches, de joueurs et d'heures consacrées à chaque sport, selon le choix et le goût de chacun. C'est d'ailleurs ce qui se passe depuis quelque temps. Quelques exemples : dans ma ville et autour d'elle, on compte aujourd'hui environ 40 centres sportifs (mis à part les nombreux gymnases des institutions scolaires) et 62 terrains de golf. Mieux encore, il y a maintenant, seulement dans la ligue majeure de hockey en Amérique du Nord, une si grande quantité d'équipes que rares sont ceux qui arrivent à se souvenir de leur nombre, de leur nom, et de la ville à laquelle elles sont rattachées.

Cependant, tout n'est pas rose dans l'univers du jeu. S'il a des partisans enthousiastes, il a aussi ses critiques, ses adversaires et ses prophètes de malheur. Quelques-uns lui reprochent, par exemple, de tomber dans la démesure et dans l'exagération, en envahissant trop exclusivement le temps libre et les loisirs de la population. On lui reproche aussi de nuire à d'autres activités et à d'autres spécialités (en particulier la culture générale et les arts sous toutes leurs formes). Celles-ci seraient plus en mesure que le sport, croient-ils, d'assurer l'épanouissement et l'avancement des populations.

Selon ces mêmes critiques, le jeu serait une activité amusante et rentable, certes, mais en fin de compte marginale, accessoire, infantile, incapable de bien tirer parti du potentiel de chacun. Il serait aussi un refus chez l'homme de vivre au niveau du rang qu'il occupe dans la création et d'assumer pleinement le destin que la nature lui a confié. Il marquerait enfin un fléchissement dans l'évolution des hommes et serait un usage indigne et abusif de leur merveilleux cerveau.

D'autres sont encore plus sévères et rappellent que nous sommes loin de l'idéal de l'ancienne Grèce (dont nous avons pourtant hérité les Jeux olympiques), qui voyait le développement du corps comme un moyen d'appuyer et de maximiser l'épanouissement de l'esprit. Ce qui semble contraire à l'objectif des jeux modernes, qui misent sur le rendement du corps plutôt que sur celui de l'esprit. Certains opposants sont même d'avis que, dans sa forme extrême, le jeu est une capitulation, un renoncement au destin supérieur auquel l'évolution nous destinait, et une fuite par le bas, vers un univers inférieur.

Voilà une vision bien noire du jeu tel que nous le connaissons. Une vision tout abstraite et toute théorique aussi, étant donné que ses avancées sont invérifiables. Elle est également subjective et relève de l'opinion, plutôt que d'observations ou d'analyses neutres et impartiales. Enfin, comme il faut des siècles ou des millénaires (il faut même remonter jusqu'à la préhistoire!) pour qu'on puisse constater et mesurer les effets de l'évolution, il semble ridicule de prétendre que le jeu sous toutes ses formes affecte de manière appréciable la situation et la présence de l'homme sur Terre. Bref, si dans un avenir lointain, quelqu'un découvre que l'homme actuel a en effet évolué, il est peu probable que la cause puisse en être imputée surtout aux jeux.

Cette vision négative du jeu est surtout contraire au sentiment de la majorité des gens, de quelque pays qu'ils soient. Ils ne s'inquiètent pas de savoir si le jeu a des répercussions à long terme sur eux et sur leur descendance. La question ne les effleure même pas! Ils se contentent de vivre au jour le jour et le mieux possible, persuadés que le destin les mènera à bon port, sans qu'ils aient à intervenir. Persuadés aussi que leur cheminement, qui suit depuis toujours une courbe ascendante, continuera de le faire, quoi qu'il arrive.

AMITIÉS

On a tout dit sur l'amitié. Pourtant, on ignore ce qu'elle est vraiment. On continue de se demander si c'est une forme d'amour entre deux personnes de même sexe. Si c'est plutôt une attraction sexuelle inconsciemment déguisée en quelque chose de plus noble. Si c'est, enfin, une attirance distincte qui a son existence propre et qui n'est pas une quelconque dérivation de sentiments voisins. La plupart du temps, les gens sont d'avis que l'amitié n'a rien à voir avec l'amour ou le sexe, mais sont incapables d'aller plus loin dans leur réflexion et de la définir avec précision. Quand ils se taisent, il continue de flotter dans l'air une insatisfaction, une ambiguïté.

Nous connaissons tous la célèbre remarque de Montaigne, à qui on demandait d'expliquer l'étroite amitié qui le liait à son contemporain, Étienne de La Boétie. Après avoir tenté en quelques phrases (*Essais*, livre Ier, chapitre XXVII) d'exprimer ce qu'il pensait, il renonce à son projet et se contente de déclarer :

— Parce que c'était lui, parce que c'était moi.

L'expression est jolie, mais n'est pas une explication suffisante. Elle est plutôt un aveu d'ignorance et d'impuissance de la part d'un homme qui, pourtant, s'y connaît à fond dans l'art de bien s'exprimer, de dire exactement ce qu'il veut dire. Ce qui confirme la difficulté de définir l'amitié.

L'histoire ancienne est remplie d'amitiés célèbres, mise à part celle de Montaigne et de La Boétie. Patrocle et Achille, Oreste et Pylade, David et Jonathan, Shams et Roumi, Ruth et Naomi, etc. L'histoire contemporaine l'est également, mais les eaux sont un peu brouillées, étant donné le phénomène du *coming out* et la reconnaissance grandissante par la société des homosexuels, des lesbiennes, des transsexuels et de leurs nombreuses variantes. On ne sait plus, à la fin, s'il s'agit de la conception traditionnelle de l'amitié (si imprécise soit-elle au départ) ou d'une forme quelconque d'attraction physique ou sexuelle.

Il n'est d'ailleurs pas toujours facile de distinguer entre l'amitié et l'amour, non seulement quand il s'agit des rapports entre deux hommes ou entre deux femmes, mais aussi et surtout entre un homme et une femme. Dans certains cas, les eaux ne sont pas seulement troubles, elles sont nettement boueuses. Les relations entre deux êtres sont alors tout en nuances délicates, en proportions changeantes, en approximations provisoires. La complexité devient si grande et la différence entre les sentiments si ténue qu'on n'arrive plus à distinguer clairement le tien du mien.

En quelques occasions, j'ai tenté d'établir un lien d'amitié avec des femmes. Je l'ai fait de façon ouverte et délibérée, en clarifiant mes intentions au départ, afin qu'il n'y ait pas de malentendu entre elles et moi. Une démarche inhabituelle, puisque les hommes (ou les femmes) ne se consultent pas et ne précisent pas à l'avance s'ils recherchent l'amour ou l'amitié. Mais je tenais à ce qu'il n'y ait pas de méprise sur la nature et le but de nos rapports.

Malgré ces précautions, il se produisait un certain glissement, un certain ramollissement au bout de quelques semaines seulement, tout au plus quelques mois. Les sourires francs et clairs que nous échangions d'abord se transformaient peu à peu en sourires équivoques, ambigus, troublants même. Et les voix se faisaient séduisantes, aguichantes. Le langage corporel se mettait aussi de la partie : jeux de hanches, frôlements accidentels, regards lents et insistants, etc. Très évidemment, l'amour pointait l'oreille et éclipsait la soi-disant amitié. Il est rare, d'ailleurs, que l'amitié résiste à l'amour, qui sort le plus souvent gagnant d'un face à face. Nous connaissons tous des potins où le meilleur ami ou la meilleure amie d'un couple devient l'amant de l'épouse ou l'amante du mari.

Pour que l'amitié survive et s'épanouisse, il est le plus souvent souhaitable de ne pas la mettre en présence de l'amour. En les gardant à l'écart l'un de l'autre, on évite les occasions de dérapage. On évite en particulier les célèbres coups de foudre qui font que l'amour s'installe avec force et qu'il est difficile à déloger par la suite.

C'est ce que les musulmans et la tradition islamique ont compris depuis des millénaires. Ils cherchent à supprimer toute occasion de laisser une amitié ou une rencontre fortuite se transformer en amour. D'où la raison religieuse qu'ils invoquent et qui impose aux femmes le vêtement noir, le hijab, le niqab, la burqa, les sorties accompagnées, les lieux réservés à l'un ou l'autre sexe, l'absence de participation sociale ou politique, etc. Les hommes, eux, ne subissent aucune restriction semblable. Ce sont là des pratiques et des traditions jugées excessives en Amérique du Nord et ailleurs. Les femmes y ont atteint un statut souvent comparable à celui des hommes et tous préfèrent une plus grande liberté de mœurs, même au risque de voir l'amitié se changer en amour.

Si l'amitié se transforme facilement en amour, est-ce que l'amour, lui, peut se transformer en amitié? Ce n'est pas impossible, semble-t-il, bien que le passage de l'un à l'autre ne se fasse pas toujours sans heurts. L'amour refusé mène souvent à la brouille, au conflit, parfois même à la haine, étant donné les rancœurs tenaces et les vives querelles engendrées par le rejet et l'échec de la relation amoureuse. L'amitié, elle, est moins exigeante, moins intransigeante.

L'amour et l'amitié peuvent durer aussi longtemps l'un que l'autre, parfois toute une vie. Ce qui a pourtant tendance à devenir plus rare, du moins dans le cas de l'amour. On n'a qu'à se souvenir du taux élevé de divorces et de la fragilité relative des unions libres dans les grandes villes du monde, surtout aux États-Unis. Par ailleurs, l'amour semble soulever des émotions plus intenses et plus tumultueuses que l'amitié. Celle-ci, au contraire, est aussi profonde, mais s'extériorise moins. Elle semble moins sujette à des gestes menaçants, à des comportements violents.

J'ai eu la chance de vivre plusieurs amitiés simultanées, surtout en tant que pensionnaire dans un collège. Étant donné la proximité exceptionnelle et quotidienne dans laquelle nous vivions, de telles

amitiés dépassaient très évidemment la simple camaraderie, même si plusieurs refuseront d'accoler le mot
«amitié» à de telles relations. Quoi qu'il en soit, elles
ont donné lieu à des moments privilégiés qu'on ne
peut coiffer d'aucun autre mot et qu'il n'est pas donné
à tout le monde de vivre. Et maintenant que ces amis
ne sont plus là, je me sens plus solitaire, plus morose
et surtout plus fragile.

Ils ne sont plus là? La vérité, c'est qu'ils ne sont
partis nulle part. Ils sont encore dans le voisinage,
à quelques kilomètres, à quelques centaines de kilomètres tout au plus. L'amitié qui nous liait a suivi son
parcours jusqu'au bout, puis s'est transformée en autre
chose qui n'a rien de commun avec l'amour.

Nous ne nous voyons plus que rarement. Mais à
chacune de ces rencontres, notre amitié reprend exactement où nous l'avions laissée, même si dix ou vingt
ans se sont écoulés depuis notre dernier contact. Tout
se passe comme si nous nous étions quittés la veille.
La conversation recommence sur un sujet semblable
à celui dont nous discutions, une ou deux décennies
auparavant. Même humeur, même ton, même intérêt.

Durant toutes ces années, notre amitié était peut-
être en veilleuse, mais elle n'avait pas faibli, elle n'avait
pas vraiment souffert de la longue absence. Un peu
comme si, au tout début, alors que nous étions encore
au collège, elle avait atteint assez de vitesse et assez de
hauteur pour se maintenir en orbite, sans que, plus
tard, il soit besoin d'intervenir pour conserver ou corriger sa trajectoire.

Notre amitié est pourtant devenue inactive, dor-
mante. Comme si nous manquions de la volonté ou du

désir nécessaires pour la garder aussi vivace qu'au début. Ou encore comme si d'autres amitiés, d'autres passions, d'autres intérêts nous accaparaient et nous attiraient ailleurs, sans pour autant détruire notre attachement initial. Il se peut aussi que, durant la longue séparation, chacun se soit développé dans son sens, si bien qu'imperceptiblement il s'est éloigné des autres et ne partage maintenant plus les mêmes valeurs, les mêmes orientations, les mêmes objectifs. Comment conserver des liens forts et durables entre des amis qui sont devenus respectivement un commerçant, un psychologue, un médecin, un travailleur du bois, un curé et un littérateur? L'écart entre chacun est si considérable que la survie de l'amitié semble improbable. Et pourtant...

Cette amitié n'était pas, pour chacun de nous, de saveur et de chaleur égales. Elle variait selon celui qui était en cause et qui éprouvait pour tel ou tel camarade, par des voies mystérieuses et inexplicables, une attirance et une complicité uniques, plus fortes que celles qui régnaient sur l'ensemble du groupe. Sans compter que quelques-uns évoluaient alors à la périphérie, à l'écart des autres, n'attirant personne en particulier ou n'étant eux-mêmes attirés par aucun camarade précis.

Le lien qui nous attachait si solidement et de façon si durable s'explique en bonne partie par toutes ces années passées à nous côtoyer chaque heure du jour et de la nuit. Nous nous connaissions mieux encore qu'un frère et une sœur se connaissent. L'amitié exige une présence fréquente et prochaine, échelonnée sur plusieurs années, à défaut de quoi elle risque de s'étioler et de se transformer en tendre souvenir.

J'ai eu d'autres amitiés que j'aimerais appeler «particulières», puisque chacune mettait en cause un seul individu et non plusieurs. Cependant, ce mot a maintenant acquis la connotation permanente qu'on lui connaît, celle de rapports sexuels entre personnes de même sexe. Ce qui n'est pas ce que je veux dire. Je parle plutôt de l'amitié qui lie longtemps deux personnes de même sexe, mais sans aucun contenu sexuel.

Il y a eu Gérald, Richard, Pierre, Claude et Richard. Quatre ou cinq amis, tout au plus. Il serait sans intérêt de raconter les circonstances et le déroulement de chacune de ces amitiés. Ce qui m'apparaît beaucoup plus intéressant, c'est de les considérer ensemble, à vol d'oiseau, en tant que phénomène global. Une telle démarche aiderait peut-être à soulever un peu le voile de mystère qui entoure cet attachement spontané et irraisonné entre deux personnes.

Je note d'abord sa rareté. Si la plupart des gens arrivent à se faire au moins un ami ou une amie durant leur vie, il est rare qu'une seule personne en ait successivement un grand nombre. Plus de trois ou quatre. Autrement, si les amis deviennent très fréquents, très abondants, la notion même d'amitié semble perdre de sa substance et de sa qualité en étant trop facile, trop commune. Il vaut mieux alors parler de camaraderie, qui est un sentiment voisin, mais passager, léger et surtout peu profond. On peut aussi parler de compagnes ou de compagnons. Contrairement à l'amitié véritable, de tels rapprochements repartent comme ils sont venus et ne laissent derrière eux que peu ou pas de souvenirs ni de regrets.

Il semble également rare qu'un individu puisse entretenir un grand nombre d'amitiés à la fois, dans le même espace de temps. L'ami unique épuise souvent toute la force affective dont on est capable, de sorte qu'il ne reste que peu de cette énergie pour faire vivre en parallèle deux ou trois autres amitiés. Le phénomène s'apparente alors à celui de l'amour puisque, dans ce cas aussi, il est rare qu'on puisse éprouver, avec une intensité égale, deux passions à la fois. Tout comme l'amour, l'amitié préfère une certaine exclusivité pour bien s'épanouir, pour atteindre toute sa force et toute sa plénitude. Si quelqu'un prétend qu'il peut mener de front plusieurs amitiés véritables, il faut se demander si ce n'est pas là, dans ce cas aussi, autre chose que de la camaraderie ou du compagnonnage.

Certains présument qu'il existe plusieurs niveaux d'amitié, peut-être même plusieurs variétés. Des amitiés vraies et sincères, mais brèves et superficielles ; des amitiés profondes et de longue durée, qui ne s'achèvent jamais tout à fait ; des amitiés qui lient fortement deux personnes, non à cause d'un attachement mutuel, mais à cause de circonstances extérieures, comme la volonté ou la nécessité de se côtoyer pendant plusieurs années dans un même environnement ou dans un même espace.

Ces variations constantes, ces exceptions fréquentes, cette fluidité et cette singularité qui caractérisent l'amitié font qu'elle est unique et inimitable, et qu'elle échappe à toute catégorisation. Elles expliquent aussi pourquoi il est si difficile de trouver à l'amitié une définition claire et définitive, à laquelle tous pourraient donner leur accord. Elles expliquent enfin pourquoi toute tentative d'interpréter et d'analyser l'amitié frôle souvent l'absurde, comme si telle évidence incontestable était aussitôt contredite par une autre évidence tout aussi valable.

Fait intéressant, l'amitié véritable n'amène pas souvent la jalousie, qui est pourtant si fréquente en amour. Sans doute parce que les partenaires amoureux, obéissant à un très vieil instinct lié à la procréation, ne veulent pas qu'un tiers intervienne dans leurs ébats physiques ou sexuels. Un tiers qui viendrait brouiller les cartes et mettre en danger la transmission des gènes du couple, surtout ceux du mâle. L'amitié, elle, n'a pas à s'occuper de procréation ou de gènes. Elle est désintéressée, elle veut le bien mutuel de l'un et l'autre, elle respecte le plus souvent l'apparition d'un nouvel ami dans le décor.

Si les grandes amitiés durent très longtemps et, souvent, ne se terminent qu'avec la mort d'une des deux personnes, il arrive aussi, il est même plus fréquent qu'elles s'usent, qu'elles faiblissent, qu'elles finissent par s'estomper et par disparaître. J'ai vécu cette expérience plusieurs fois et je sais maintenant que l'espérance de vie de l'amitié n'a ni durée moyenne, ni date de péremption.

Mon ami Pierre est mort depuis plusieurs années déjà mais, même avant sa disparition, nous ne communiquions plus que rarement. Pourquoi ? Je n'en sais rien. L'absence d'intérêts partagés peut-être, la négligence réciproque, des carrières qui allaient en s'écartant. Peut-être aussi notre amitié n'a-t-elle vécu que le temps que s'ouvre et que se referme une fenêtre imaginaire dans la durée. Peut-être enfin avions-nous épuisé toutes nos réserves de mystère et d'attachement. Sa mort a figé dans le temps des rapports qui allaient en s'amenuisant. Pourtant, nous avions toujours l'un pour l'autre, jusqu'à la fin, le même empressement et la même bonne volonté, sans doute en souvenir du passé. Aujourd'hui, notre vieille amitié continue à sourire faiblement, malgré le départ définitif de Pierre pour l'au-delà.

L'amitié de Gérald, la première de toutes, est encore là, à portée de main, presque à portée de voix. Pourtant, nous nous étions complètement perdus de vue, jusqu'à ce qu'un jour il décide de partir à ma recherche. Il me croyait très loin, dans une autre ville, dans un autre pays peut-être. J'étais pourtant là, à une dizaine de coins de rue. Nous ne nous sommes revus qu'une seule fois, le temps de ressasser longuement le passé commun et de consulter de vieilles photos. Après quoi nous nous sommes quittés de nouveau, rassurés par cette confirmation de notre existence réciproque. Mais si agréable que fût cette rencontre, ni Gérald ni moi n'avons senti le désir ou le besoin de la renouveler. Je sais qu'il est là, il sait que je suis ici. Nous pourrions en tout temps raviver cette amitié en veilleuse.

Richard et Claude sont des cas différents. L'un était l'ami aux études, l'autre, qui vint plus tard, l'ami au travail. Deux amitiés qui ont fleuri abondamment, chacune pendant une dizaine d'années. Le premier, Richard, est parti vivre à Paris sans que je l'apprenne, au même moment où j'y ai aussi passé quelque temps. Ni lui ni moi ne savions que nous étions là simultanément. Au retour, nous nous sommes revus avec bonheur à Montréal, le temps d'une bière. Et nous nous sommes promis de nous rencontrer de nouveau dans les semaines suivantes, ce qui n'est pas arrivé. Quelque chose s'est cassé à notre insu durant nos brèves retrouvailles. Quant au nouveau rendez-vous que nous espérions à haute voix, nous avions déjà décidé tacitement, chacun de son côté, de ne pas y donner suite.

L'autre amitié, celle de Claude, a cessé soudainement d'exister pour des raisons que je n'ai jamais pu éclaircir tout à fait. Mais j'ai senti clairement, vers la fin, une froideur de sa part, peut-être parce que je ne pouvais plus servir efficacement ses projets et que j'étais devenu la cinquième roue du carrosse. Je me retirai discrètement, sans dire un mot et sans regret. Une brouille? Je ne crois pas. Il suffirait de faire quelques démarches pour rétablir un dialogue. Mais l'amitié à tout prix n'est pas ce que je recherche et le prix de celle-ci me semble trop élevé. Pour l'instant, il est préférable que les choses en restent là.

L'autre Richard, lui, est un anglophone avec qui j'entretiens des rapports suivis depuis plus de vingt ans, surtout par courriels et par lettres. Environ une fois par année, nous nous rencontrons en ville pour manger du flétan dans sa poissonnerie préférée. Malgré de sérieuses tentatives, il n'a jamais pu apprendre le français, ce dont il a un peu honte. Alors nous parlons et nous sourions en anglais. Et notre amitié, pourtant si faiblement nourrie, continue à survivre par-dessus les années. Il n'a pas répondu à mon dernier courriel, mais j'en attends un de lui incessamment: nous ne nous sommes pas revus depuis une dizaine de mois.

C'est tout. Je m'estime heureux d'avoir eu et d'avoir encore plusieurs amis et quelques camarades. Une préoccupation constante chez moi. Car si la solitude est un choix délibéré que je fais à chaque instant, j'aime bien refaire assez souvent ma réserve d'oxygène. Ma démarche auprès de ces quelques amis n'est pourtant pas égoïste. Je me sens rassuré quand j'aperçois leur figure souriante, ce qui me donne en retour le sentiment que je contribue, dans une certaine mesure, à leur bonheur. Peut-être autant qu'ils contribuent au mien.

Juré

Le procureur de la Couronne et l'avocat de la défense se livraient en souriant à un combat de coqs. Dans la salle où étaient rassemblés les gens que l'autorité judiciaire avait convoqués, ils devaient choisir ceux et celles qui formeraient le jury dans une affaire criminelle. Selon qu'un tel ou une telle leur semblait apte à en faire partie et susceptible de favoriser leur cause respective, les deux juristes l'acceptaient comme juré. Dans le cas contraire, ils renvoyaient la personne dans la grande salle d'attente, d'où elle était venue.

Le motif qui les poussait à retenir ou à rejeter un candidat n'était jamais énoncé clairement ni ouvertement. Au contraire, on sentait qu'il reposait sur des raisons subjectives et des impressions personnelles, dont seuls les deux hommes de loi connaissaient le secret. Par exemple, était-il préférable de choisir des femmes plutôt que des hommes ? De jeunes adultes plutôt que des citoyens âgés ? Des personnes d'apparence négligée plutôt que des gens en uniforme ? Pas moyen de savoir ! Mais à leurs yeux, la chose avait son importance et pouvait même influencer l'issue du procès.

J'étais assis, ou plutôt, tapi dans le fond de la salle d'attente, avec tous ceux qu'on avait convoqués pour l'occasion. Discrètement, j'observais les avocats choisir un à un les douze jurés, en espérant que mon nom ne sortirait pas du sac et que je pourrais retrouver ma liberté dès que le jury serait constitué. Non seulement j'aurais préféré me soustraire à cette obligation sociale, mais en plus, j'étais mal à l'aise face au processus de sélection des jurés, où je voyais déjà un début d'injustice.

Le sort éventuel de l'accusé me paraissait trop étroitement lié à l'habileté de l'avocat de la défense ou à celle du procureur à mieux tirer son épingle du jeu et à retenir des jurés susceptibles de mener à un acquittement dans le premier cas, et à une condamnation dans l'autre. Il me semblait qu'on aurait dû laisser le processus de sélection suivre son cours normal et reposer uniquement sur le hasard, sans l'intervention de personne. Surtout, il ne fallait pas tenter, en manipulant le choix des candidats, de se donner une longueur d'avance sur l'adversaire avant même le début du procès. Autrement, c'est comme si on mettait le pouce sur la balance dans le but de modifier la pesée à son avantage.

Déjà, on avait retenu onze jurés. Ils attendaient à l'écart qu'on leur explique leur rôle. Heureux de ne pas avoir été choisi, je parcourais la salle des yeux, espérant voir la réaction de celui qui serait le douzième et dernier juré à participer au procès. Je fus donc stupéfié d'entendre mon propre nom au haut-parleur. À contrecœur, je me levai et me rendis à l'avant-scène, pendant que les deux juristes me suivaient attentivement des yeux.

Il était encore possible que je sois écarté s'ils jugeaient, chacun de son côté, que je ne correspondais pas à l'image qu'ils se faisaient du juré idéal. Dans ce cas, ils me laisseraient partir. Malgré mes efforts pour paraître peu intéressant (je pris une attitude distraite et nonchalante, en me dandinant d'un pied sur l'autre), ils me choisirent sans hésiter. Je rejoignis les onze autres jurés, qui m'acclamèrent à bras ouverts, comme si j'avais gagné à la loterie. Je prétendis être heureux de ce qui m'arrivait et me mis à sourire bravement.

Dès la réunion préliminaire du jury dont je faisais maintenant partie, le mauvais sort continua à me harceler. Au cours d'un vote à main levée, mes compagnons me proclamèrent leur président. Je protestai aussitôt, expliquant que je n'avais aucune formation légale, ni aucun désir de remplir une telle fonction. Les jurés ne tinrent pas compte de mes objections. Ils me firent savoir qu'eux non plus n'avaient aucune formation particulière et que je ne pouvais vraiment me soustraire à un vote démocratique. Je me résignai une fois de plus et pris place au bout de la grande table.

Le procès mettait en cause un jeune homme, presque un garçon, qui avait poursuivi et menacé d'un fusil de chasse une très jolie blonde. Elle était hôtesse de l'air et, depuis cinq mois, vivait avec l'accusé dans le même appartement. Depuis quelques semaines, elle avait trouvé un nouvel ami dans une ville voisine et le voyait souvent entre ses vols d'avion. Mais l'amant trompé eut vent de l'affaire par un de ses camarades. Il attendit l'hôtesse à l'aéroport, à sa descente d'avion, et la prit en chasse jusque chez elle.

Elle arriva à l'appartement avant son ami trompé.

En le voyant arriver à son tour, elle s'aperçut qu'il était évidemment furieux. Pour lui échapper, elle se barricada à l'intérieur de la maison. De la rue, il fit feu sur la fenêtre de la chambre à coucher, à l'étage. Heureusement, son amie s'était plutôt réfugiée dans la cave. Cédant à sa jalousie et à sa fureur, il retourna le fusil contre lui-même, appuya le canon contre son ventre et tira la gâchette. Le coup emporta la moitié des entrailles. Bien qu'il fût handicapé pour la vie, il survécut.

L'amant jaloux fut accusé de plusieurs délits, dont surtout celui de tentative de meurtre contre son amie. Le jury devait décider si, oui ou non, il était coupable d'une telle agression.

La question était fort complexe, tout au moins aux yeux des jurés que nous étions. L'accusé avait-il vraiment attenté à la vie de son amie ? Ce n'était pas sûr, puisqu'il l'avait suivie sans l'attaquer de l'aéroport jusqu'à l'appartement. Selon quelques témoins, il avait fait feu à l'aveuglette sur une fenêtre non éclairée, sans jamais avoir aperçu sa victime éventuelle. En aucun temps, il ne l'avait menacée directement avec le fusil de chasse. Si l'occasion s'était présentée, il aurait pu la prendre pour cible et elle aurait pu en mourir. Mais rien de tout cela n'était arrivé. Tout indiquait que la rage meurtrière de l'accusé avait été dirigée contre lui-même, plutôt que contre son amie.

En revanche, la vie de l'hôtesse de l'air n'avait tenu qu'à un fil. Si les circonstances avaient été légèrement différentes, si elle avait croisé son ex-ami à l'aéroport ou si elle l'avait laissé entrer une fois arrivée à l'appartement, elle aurait pu être criblée de plomb par son amant jaloux, impulsif et possessif. Et ce, malgré le droit naturel qu'elle avait de choisir ses partenaires et de changer de copain à sa guise. Ce qu'elle avait d'ailleurs fait. Enfin, personne ne pouvait exiger d'elle qu'elle prévoie et qu'elle évalue les conséquences éventuelles des gestes qu'elle posait en tant que femme libre et indépendante.

L'accusé, lui, avait évidemment perdu la maîtrise de ses actions. Peut-être à cause de la bière qu'il avait bue avant l'événement, sans doute pour noyer son chagrin. Mais surtout à cause de la fureur incontrôlée qu'il avait éprouvée en apprenant les escapades de sa petite amie. Bien entendu, il aurait dû rester en tout temps maître de ses émotions et de ses pulsions, et ne jamais manquer à ses obligations morales et sociales. Au contraire, il avait lamentablement échoué à le faire, peut-être parce qu'il n'avait jamais auparavant vécu une peine d'amour.

C'est autour de ces quelques idées que le jury commença à discuter, dans une grande salle de délibération fermée à clef, en suivant les instructions du juge chargé du procès. Dès le premier tour de table, la position de chaque juré devint évidente. Avant d'être isolés dans la salle, tous avaient eu l'occasion d'écouter les arguments et les témoignages des intéressés, y compris l'accusé, l'hôtesse de l'air et quelques témoins. Si bien qu'ils avaient eu le temps de se faire une idée préliminaire sur les parties en cause et sur leurs positions. Quelques jurés paraissaient même en être déjà arrivés à une opinion ferme.

Je distinguai rapidement deux camps opposés parmi mes onze autres jurés. Ceux qui estimaient que toute discussion était inutile, puisqu'il était évident que l'accusé était coupable de tentative de meurtre. Curieusement, et contrairement à ce qu'on aurait pu croire, la plupart de ces jurés étaient des hommes. Ils soulignèrent la beauté de l'hôtesse de l'air et l'élégance du costume qu'elle portait le dernier jour de son témoignage en cour. Ils étaient d'avis qu'il fallait être un véritable monstre pour s'en prendre à elle, rappelant en particulier que l'accusé avait attendu son arrivée à l'aéroport, qu'il l'avait traquée jusqu'à l'appartement, puis que, de la rue, il avait tiré en direction de la chambre commune, en espérant l'atteindre. Seul un heureux réflexe avait permis à sa petite amie d'échapper à cet assaut puisque, si elle était montée à l'étage, elle n'aurait sans doute pu éviter la décharge qui avait fait sauter la fenêtre en éclats.

Ils étaient aussi d'avis que la jeune fille n'avait fréquenté l'accusé que quatre mois, ce qu'on ne pouvait considérer comme un engagement ferme envers lui. Ils estimaient donc qu'il n'y avait eu de sa part ni tromperie ni trahison. Elle n'avait rien fait d'autre que suivre son instinct naturel, en se tournant vers un compagnon plus intéressant et plus prometteur. Sans compter qu'elle était encore jeune et que personne ne pouvait lui reprocher de vouloir s'amuser avant de s'engager pour la vie.

Les autres membres du jury exprimèrent de nettes réserves en entendant ces arguments et tentèrent mettre un frein à la tendance qui se dessinait contre l'accusé. Ils affirmèrent que celui-ci n'avait eu en aucun temps l'intention de tuer sa copine. Son but était manifestement de l'effrayer, dans l'espoir un peu candide de reconquérir celle qu'il aimait et qui lui échappait. La preuve en était qu'il n'avait jamais pointé le fusil dans sa direction, ce qu'il aurait pu faire plus d'une fois. Elle était heureusement sortie indemne d'un drame provoqué en partie par son insouciance et sa désinvolture. Elle aurait pu, elle aurait dû préparer cette rupture qu'elle avait elle-même amorcée, et éviter que son ami l'apprenne par quelqu'un d'autre. Plutôt, elle avait délibérément laissé la situation s'envenimer jusqu'à ce qu'elle explose.

Selon ces jurés, la plaignante était une femme instable et immature, puisqu'elle butinait à gauche et à droite, sans se soucier des répercussions de ses actions. Ils avancèrent même qu'elle avait une part de responsabilité dans ce drame, même si elle n'avait posé aucun geste répréhensible au sens de la loi. Elle sortait de cette affaire sans aucune égratignure et libre comme l'air. Au contraire, l'accusé souffrait d'un grave handicap physique qui le hanterait le reste de sa vie.

Ces derniers arguments soulevèrent des tollés dans l'autre camp. Plusieurs firent savoir que la vie privée de l'hôtesse ne faisait pas partie du procès et ne devait pas être prise en considération dans la décision éventuelle. Ce n'était pas elle qui était mise en accusation, mais bien son ami. Tout ce qu'on pouvait dire à son sujet n'était donc qu'accessoire et secondaire. En fait, il n'était justifiable de parler d'elle que dans la mesure où cela aidait à mieux comprendre et à mieux évaluer le comportement de l'accusé.

Je réussis, mais difficilement, à calmer les esprits qui s'échauffaient. Pendant quatre jours consécutifs, les jurés répétèrent les uns après les autres, avec mille et une variantes, les mêmes considérations, la même argumentation. Chacun tentait de tirer la couverture de son côté et paraissait insensible et sourd au point de vue des autres. Tous ensemble, nous faisions face à des arguments contradictoires qui semblaient se valoir à peu près également. Aucun de nous ne pouvait évaluer convenablement les opinions qui surgissaient de toutes parts et qui brouillaient la situation, plutôt que de l'éclairer ou de la simplifier.

Un des jurés devint si intransigeant, si emmuré dans sa propre conviction qu'il commença à crier, en jurant que personne ne le ferait jamais changer d'avis. Presque en même temps, il se mit à tousser si violemment qu'il s'étouffa et perdit connaissance. Ce qui nous alarma tous. Nous étions sur le point d'appeler à l'aide quand, heureusement, il reprit ses sens. Il réclama un verre d'eau, qu'on lui servit aussitôt. Il voulut ensuite reprendre la discussion où il l'avait laissée, mais ne semblait plus se souvenir exactement de son point de vue, ni pourquoi il le défendait si âprement. J'attribuai son comportement à la fatigue et à l'impatience, qui devenaient chaque jour plus évidentes chez tous les jurés.

Comme nous manquions de connaissances sur plusieurs des questions que nous débattions, je profitai du malaise de notre ami pour aller les soumettre au juge du procès, comme le permettaient les règles du jeu. La première portait sur le poids relatif qu'il fallait accorder aux intentions de l'accusé, par opposition à ses gestes, au moment du drame amoureux. L'autre demandait des éclaircissements sur la gravité de l'acte que l'inculpé avait réellement commis, c'est-à-dire faire feu sur la fenêtre et non sur sa petite amie. Les explications que je reçus en retour me parurent complexes, confuses et, somme toute, peu utiles. Je les soumis tout de même aux autres jurés.

Les discussions reprirent de plus belle, mais je sentais que le cœur n'y était plus. Jusque-là, nos plus beaux élans s'étaient trop souvent terminés dans un cul-de-sac. Nous avions nettement l'impression que nous n'avancions plus, que nous tournions en rond, que nous ressassions sans arrêt les mêmes idées, les mêmes arguments, les mêmes positions. Il fallait trouver moyen de briser ce mouvement giratoire, de repartir si possible dans une direction nouvelle. Mais comment y arriver?

Durant ce quatrième jour de débat, quelques jurés se mirent à modifier imperceptiblement leurs opinions, de manière à accommoder celles des autres. J'en fus très heureux. Il me sembla qu'un consensus devenait possible, même si dans l'ensemble, l'immobilisme régnait toujours. Le moment me parut favorable pour tenir un premier vote à main levée, histoire de déterminer où nous en étions. Six jurés, dont moi-même, étaient d'avis que l'accusé n'était pas coupable et qu'il fallait l'acquitter immédiatement. Cependant, les six autres avaient une opinion contraire. Ils paraissaient même profondément convaincus de la culpabilité de celui qu'ils appelaient déjà, abusivement, l'assassin.

Je notai les résultats et proposai de reprendre nos discussions après le lunch. Très nettement, je décelais de la bonne volonté et du mouvement parmi mes collègues. Mais au profit de qui? Au détriment de qui? De l'accusé ou, peut-être, de l'hôtesse de l'air?

Dès le retour dans la salle de délibération, je remarquai que quelques-uns souriaient, qu'il régnait même une certaine bonne humeur dans le jury. Un des jurés demanda qu'on prenne immédiatement un autre vote, avant de recommencer le débat. À ma surprise, onze d'entre nous étions maintenant en faveur de l'acquittement. Un seul restait sur ses positions, sans en changer un iota. Je me demandai, mais en vain, ce qui s'était passé durant la pause.

Au même moment, je remarquai qu'assez souvent, un des jurés consultait sa montre. Du même coup, je me souvins qu'il était quatorze heures et que nous étions vendredi, c'est-à-dire la veille du congé du long week-end. Je fus sidéré à la pensée que, peut-être, quelques jurés étaient prêts à mettre de l'eau dans leur vin et à renier leurs convictions dans le seul but de retrouver rapidement leur liberté. Comme l'aurait fait un curé, je rappelai à tous leur devoir de citoyens impartiaux et objectifs et, surtout, l'importance de l'enjeu : un homme serait acquitté ou condamné selon ce que nous déciderions.

Comme nous étions là depuis presque une semaine, plusieurs s'inquiétaient aussi à haute voix du sort de leur commerce ou de leurs affaires, que leur absence prolongée mettait en péril. Tout au moins s'attendaient-ils à des pertes financières importantes, puisque la maigre compensation consentie aux jurés par l'État était insuffisante ou même dérisoire. Sans compter que leur famille subissait le contrecoup de ce rôle de juré que chaque citoyen doit accepter de jouer quand le système judiciaire, un peu à la roulette russe, fait appel à ses services au moment d'un procès.

Le débat n'en était pas pour autant terminé. L'unanimité que nous devions atteindre était compromise par ce juré qui ne lâchait pas prise et qui réclamait toujours la condamnation de l'accusé. Onze paires d'yeux se tournèrent vers lui et le fixèrent avec attention. Je lui demandai de résumer à l'intention de tous ce qui lui semblait si important, si incontournable dans sa prise de position. Il ne fit que répéter ce qu'il avait déjà exprimé bien des fois. Personne ne fut convaincu, personne ne voulut reprendre la discussion avec lui.

Le silence s'installa alors dans la salle. Pendant presque une heure, plus personne ne parla. Chacun regardait le vide devant lui ou, de son stylo, dessinait des croquis et des arabesques sur une feuille de papier. Jusqu'à ce que tranquillement, silencieusement, quelqu'un se mette à pleurer. Les épaules du juré dissident étaient secouées par des sanglots qu'il n'arrivait pas à retenir. Au bout d'un moment, il leva la main en signe de reddition. Oui, il fallait acquitter l'accusé.

Je me sentis aussitôt mal à l'aise. J'étais un peu responsable de ce succès fragile, de cette victoire creuse. Si possible, je ne participerais plus jamais à cet exercice de haute voltige, où la justice et l'injustice, le vrai et le faux, le pour et le contre, le peut-être et le peut-être pas s'entremêlent et se confondent dans une immense marmite où les ingrédients perdent leur substance propre et se changent en pot-au-feu. Tout dans ces délibérations me semblait approximatif, boiteux, incertain. Je le sais, il faut que justice soit rendue et que quelqu'un s'en charge. Mais si possible, que ce soit quelqu'un d'autre! Surtout, que je ne sois jamais soumis moi-même au jugement d'un jury!

Devant la salle comble, je lus à haute voix le verdict auquel nous en étions arrivés. Il y eut aussitôt un fort murmure de désapprobation dans l'assistance, auquel le juge mit fin de quelques coups de son maillet. Puis ce furent les cris furieux de l'hôtesse de l'air, qui accablait le jury d'injures et qui nous taxait de lâcheté et d'incompétence. Les agents de sécurité l'invitèrent à quitter la salle, tout en l'empêchant de s'approcher de l'accusé. Celui-ci, prostré dans son fauteuil roulant, ne manifestait ni joie, ni aucune autre émotion visible. Maintenant qu'il était acquitté, il était libre de s'en aller, ce qu'il fit. Rapidement, toute la salle se vida de son monde.

Il ne resta plus à la fin que le juge, qui rangeait soigneusement ses papiers après une autre journée bien remplie. Et que moi-même, encore abasourdi par l'expérience que je venais de vivre. J'avais fait mon possible pour servir la justice des hommes, la meilleure qu'on connaisse, mais aussi la plus inquiétante et la plus chancelante. Je savais maintenant que, quand la justice est en cause, le mieux, et de loin, c'est de faire en sorte de ne pas être accusé et, surtout, de ne pas être coupable.

LE LIEU ET L'HORLOGE

Les physiciens nous enseignent que, contrairement à la croyance populaire, les deux notions d'espace et de temps sont inséparables l'une de l'autre et font partie d'un même continuum. L'espace apporterait à ce nouveau concept trois dimensions (comme chacun le sait déjà : longueur, largeur, profondeur), et le temps une seule dimension, pour un total de quatre. Cette façon de comprendre la relation entre l'espace et le temps est toute récente. Elle est aussi révolutionnaire et constitue le plus grand bouleversement survenu en physique depuis un siècle. Il faut donc en prendre bonne note, quel que soit l'intérêt qu'on porte à la question.

Cependant, pour vous et moi, pour le commun des mortels, il est tout à fait acceptable de continuer à concevoir le temps et l'espace comme deux notions distinctes et séparées. Ne serait-ce que parce que notre perception naturelle et instinctive nous les présente comme telles depuis toujours.

Il n'est pas nécessaire d'être physicien pour avoir une conscience aiguë de l'espace dans lequel on vit et du temps dans lequel on baigne. L'espace n'est certes pas banal. Mais l'autre, le temps, m'intéresse bien davantage. Peut-être parce qu'il échappe en grande partie à tout contrôle de ma part et que c'est lui qui, tôt ou tard, mettra fin à ma vie. Bien sûr, on dira alors que je suis mort d'un cancer, d'un infarctus ou d'un accident vasculaire cérébral. Mais quelle que soit la cause immédiate, c'est en fait le temps qui sera la véritable raison de mon décès.

L'espace m'entoure à chaque instant, me soutient dans l'existence et joue un rôle direct et visible dans mon quotidien. Ce sont, par exemple, les différentes pièces de la maison dans laquelle je vis, la distance qui me sépare de mon lieu de travail, l'aire de stationnement qui m'est réservée en ville, la grandeur du bureau dans lequel je bosse, le déplacement par avion qui me mène en vacances à Valparaiso, au Chili.

Le temps, au contraire, est non seulement plus abstrait, mais aussi plus discret, pour ne pas dire plus sournois. Je glisse sur lui sans m'en rendre compte tout à fait. Ou plutôt, c'est lui qui, à mon insu, me glisse entre les doigts. Je me souviens de mon anniversaire de naissance, de l'année où j'ai obtenu mon baccalauréat, du retour annuel de la fête de Noël, du baptême de mon premier fils et du décès de mon père. Mon existence est ainsi parsemée de jalons qui la divisent en secteurs temporels. À tort ou à raison, j'ai l'impression que la durée s'étire sur une période beaucoup plus longue et plus incertaine que l'espace dans lequel je vis et qui est relativement stable et circonscrit.

Si, à quelques exceptions près, je passe chaque minute de chaque jour essentiellement dans les mêmes lieux, en revanche le temps dans lequel je macère, lui, n'est jamais le même. Il défile devant moi et autour de moi sans s'arrêter. Contrairement à l'espace, il n'est jamais le même, il se renouvelle constamment. Ce qui en fait mon ennemi! C'est lui que j'aimerais voir ralentir. C'est lui que j'aimerais voir s'arrêter tout à fait, de manière que je puisse continuer à occuper tranquillement mon espace familier, que je souhaite ne jamais quitter. Comme tout le monde, je voudrais bien rester toujours sur Terre et en faire mon paradis. Un paradis imparfait sans doute, mais à tout le moins familier!

J'ai beau continuer à rêver d'un temps stationnaire, immobile, ce dernier est rebelle et n'en fait qu'à sa tête. Et ce, contrairement à l'espace que, dans une bonne mesure, je réussis à maîtriser, que j'arrive même à aménager et à gérer. Ce sont, par exemple, mon passage dans certains pays de l'Asie, mes séjours dans des villes européennes, mon voyage sur la mer du Nord ou mes pas sur les sables dorés de Cuba.

Le temps se prête, lui aussi, à une certaine gestion, grâce à l'horloge et au calendrier. On parle d'une seconde, d'une heure, d'une journée ou d'une décennie. Mais pour ce qui est de la direction de son écoulement, de la vitesse de son débit et, enfin, de l'unicité de son passage, le temps demeure intraitable et résiste à toute intervention de ma part, à toute modification que je voudrais y apporter.

Loin de moi l'intention de me lancer ici dans un discours philosophique. D'abord, je m'y connais trop peu. De plus, le lecteur moyen refuserait de me suivre dans un sentier aussi difficile. D'ailleurs, il est déjà convaincu de l'inutilité de s'aventurer trop loin dans l'abstraction, ce pays brumeux où l'on se perd facilement et dont le plus souvent on ne retire rien. Sauf des idées, des théories, des concepts branlants, éphémères, parfois farfelus. Il en est profondément convaincu: la philosophie est toxique pour l'intelligence, elle est néfaste pour l'esprit, elle nuit aux sports. Il vaut mieux y renoncer et l'abandonner aux penseurs professionnels, tout comme on préfère confier aux mycologues la cueillette de champignons sauvages et peut-être vénéneux.

Il y a relativement peu à dire sur l'espace. Je ne parle pas ici de celui des astronautes, mais de mes petits espaces à moi, ceux que j'occupe tous les jours et qui me sont devenus familiers et indispensables. Je les connais tellement bien que je ne les vois plus, que je n'ai même plus conscience de les habiter. Tout comme la population d'un village touristique n'aperçoit plus la montagne majestueuse qui surplombe la région et qui attire chaque année des milliers de curieux en quête du spectacle grandiose. Bien plus, mes espaces sont toujours tellement les mêmes qu'avec le temps, ils font naître la monotonie et finissent par m'oppresser, par m'étouffer.

C'est la ville du matin au soir, c'est le centre d'alimentation où je m'approvisionne, c'est la rue dans laquelle se trouve ma maison, la même depuis des années, c'est la salle de télé avec mon fauteuil élimé, c'est ma chambre à coucher qui fait face au nord, c'est mon lit recouvert de sa couette rouge sombre... Ma santé mentale exige soudain que je leur échappe, que je m'en aille ailleurs, n'importe où. Je loue un chalet sur la rive du lac Champlain, j'assiste à une pêche aux crevettes sur la côte américaine, je monte à bord d'un avion qui m'emporte vers Fort Lauderdale, je passe une fin de semaine complète à Aruba. Puis je reviens vers le nord.

Le mois suivant, je change encore d'espace. Je pars pour le Nunavut dans l'espoir de photographier des ours polaires, je modifie mes plans en cours de route et me retrouve à Oslo où je m'embarque pour les fjords, je mets ensuite le cap sur Paris où je cherche le café de mes années d'étudiant, au coin du boulevard Saint-Michel et de la rue des Écoles, je descends à Lisbonne où je m'achète une bouteille de vieux porto dans une cave d'Avenida da Liberdade. J'aurais voulu m'arrêter aussi aux îles Canaries, mais il aurait fallu que je prenne un autre paquebot, ce qui aurait retardé de plusieurs jours ma rentrée au pays.

Une fois de plus, me voilà revenu au Nord. Je devrais être heureux d'avoir occupé tant d'espaces successifs. Je ne le suis pas. J'éprouve au contraire l'impression écrasante d'avoir tourné en rond, de n'être allé nulle part. Sauf pour quelques centaines ou quelques milliers de kilomètres vers le nord ou vers le sud, j'ai vécu essentiellement dans les mêmes lieux. Ce n'était même pas des espaces nouveaux, puisque j'avais visité Aruba deux fois auparavant et que je connaissais Paris pour y avoir étudié toute une année.

Il aurait fallu que j'aille ailleurs. Mais où? Je n'éprouve plus que rarement le sentiment du nouveau et du jamais vu quand je voyage et que je change d'espace, puisque même le nouveau et le jamais vu deviennent monotones et ne me font plus ressentir aucune sensation de surprise, de découverte. Ah! Que la Terre est petite et l'espace le même!

Le temps, lui, c'est une tout autre affaire. J'ai beau écouter les douze coups de midi à l'horloge du Parlement, voir tomber la nouvelle neige sur les pentes des Monts-Valin et consulter l'heure atomique à mon ordinateur, je sens que je n'exerce sur le temps que peu ou pas de contrôle. C'est à moi d'organiser ma vie autour de lui et de m'accommoder de son débit habituel, qui n'est ni lent ni rapide.

Que je sois là ou non, peu lui importe. Que je parle à son sujet de nanosecondes, de semaines, de mois ou de siècles, il s'en moque complètement. Il continue sa route comme il l'a toujours fait. Il m'accorde les mêmes privilèges et me condamne aux mêmes inconvénients qu'il y a deux mille ans il consentait ou imposait à Jules César.

Quand je me retourne, je vois derrière moi un gouffre. Il n'est pas constitué d'espace (comme celui du Grand Canyon, par exemple), mais plutôt de temps écoulé. Du temps que j'ai vécu depuis les tout premiers moments où j'ai commencé à respirer. Depuis que j'ai pris conscience de sa fuite constante autour de moi. Et surtout, depuis que ma mère m'a expliqué en souriant que le temps me mènerait tôt ou tard à une mort certaine. Qu'il avait déjà avalé mon grand-père. Qu'elle-même subirait un jour le même sort. Que mon chien mourrait avant moi. Que certains insectes ne vivent qu'une seule journée. Des révélations qui m'ont ébranlé jusqu'au fond de l'être. Ma mère avait raison : elle n'est déjà plus là, sauf pour ce qui reste d'elle dans ma mémoire.

Le temps est un gouffre dont on n'aperçoit pas le début et dont on ne voit pas la fin. Impossible de savoir non plus dans quelle direction il s'écoule. Il va aveuglément mais sûrement vers une destination inconnue et probablement très lointaine. Sauf pour l'histoire et les archives, ma mémoire est le seul moyen de le suivre à la trace. Et lorsque je disparaîtrai un jour, elle disparaîtra avec moi. Le temps se retrouvera provisoirement sans personne pour témoigner de son passage et de sa fuite. Il faudra que quelqu'un d'autre prenne la relève et se mette à le suivre à son tour. Cette course à relais dure depuis des siècles et tout indique qu'elle se continuera longtemps, jusqu'au crépuscule éventuel de ce monde et peut-être plus loin encore.

Heureusement, le temps laisse derrière lui des traces révélatrices et indélébiles. Ce qui nous permet non pas de le voir à l'œuvre, mais plutôt de reconstituer quelque peu les moments où il s'est manifesté dans notre entourage. Sur une vieille photo de famille que j'ai conservée, j'aperçois la Chevrolet 1941 de mon grand-père. Devant sa voiture bleu ciel, il y a ma grand-tante Emma, qui arbore un chapeau muni d'une boucle en satin et d'un filet ajouré lui descendant sous le nez. Elle est accompagnée de deux hommes que je ne reconnais pas. Le plus vieux, qui la tient par la taille, semble être son mari. L'autre est peut-être son fils, mais le papier glacé de la photo est craquelé et rayé à cause des manipulations fréquentes, ce qui empêche de bien voir son visage.

Un peu en retrait, on distingue un tracteur Massey-Harris 33 aux roues avant braquées, ce qui donne une impression de mouvement déjà amorcé. On a même le sentiment qu'il va se lancer à la poursuite du temps dans lequel il est maintenant figé. Quoi qu'il en soit, il est parti à la ferraille depuis des années, personne ne s'étant donné la peine de le remettre en état, de lui rendre ses belles couleurs rouge et jaune, et de l'exhiber comme antiquité aux foires agricoles des environs.

Sur un rayon de ma bibliothèque, il y a un hachoir à tabac parfaitement conservé. On m'a dit que c'était celui d'un ancêtre, mais sans préciser son nom. Un bel objet en noyer et en bronze au tranchant acéré et dangereux, qu'il faut soustraire aux mains des enfants. Il a survécu au temps mieux que son propriétaire, qui ignorait sans doute que son hachoir pouvait contribuer à un cancer et à une mort précoce.

Dans ma cave, en pleine ville, il y a une ancienne charrue à côte qui fait écho au Massey-Harris 33. Une charrue à côte? Elle est munie d'un mécanisme qui la renverse à volonté et qui permet à un homme seul de s'en servir partout sur les pentes inclinées. Si on regarde bien, on voit qu'elle était rouge et que les manches étaient blancs. Malheureusement, ma cave est un peu humide, de sorte que le bois de ces manches se dégrade et se fragilise, et que son acier rouille lentement mais sûrement.

Sont apparues récemment sur mes bras, sur la peau de mes bras, de petites cannelures très fines et très luisantes qui m'ont surpris, puisqu'elles n'y étaient pas auparavant et que je ne sais comment elles sont arrivées là. Si je compresse un peu la peau, elles disparaissent momentanément. Dès que je la relâche, les cannelures réapparaissent. Point besoin de la tête à Papineau pour comprendre que c'est le temps qui, en empruntant la démarche discrète qu'on lui connaît, a commencé à m'attaquer dans mon corps. Il s'en prend directement à moi, cette fois, plutôt qu'aux objets qui m'entourent. Plutôt qu'à la Chevrolet 1941, au Massey-Harris 33, au hachoir à tabac et à la charrue à côte. Sans même me prévenir, le temps a commencé à m'assassiner.

Comme un tueur en série malhabile, le temps laisse partout des preuves incriminantes de ses incursions. On peut facilement reconstituer les circonstances de son passage et en évaluer les conséquences. On ne peut cependant le rejoindre, l'appréhender et l'accuser. Il fuit si rapidement et si loin qu'il demeure toujours hors d'atteinte. D'ailleurs, comme on ne le voit jamais et qu'aucun de nos autres sens ne décèle clairement sa présence, il est impossible de l'isoler et de l'épingler.

L'espace et le temps fascinent non seulement les physiciens, mais aussi, d'une façon moins articulée peut-être, la majorité des mortels, sans oublier les poètes et les mystiques. Lamartine se faisait suppliant :

— Ô temps ! suspends son vol...

Pascal, lui, confessait :

— Le silence de ces espaces infinis m'effraie.

Ces hautes pensées n'avaient pourtant aucun effet, ni sur le temps ni sur l'espace. Ce sont deux phénomènes qu'il faut constater et accepter comme ils sont. On peut les subir passivement, on peut tenter de les exploiter, on peut s'efforcer d'accroître ou de diminuer l'impact qu'ils ont sur nos vies. Mais nul ne peut les ignorer, ni se soustraire à eux.

CABANES

Il y a bien des années, mes amis et moi construisions des cabanes dans une forêt semi-marécageuse. Elles étaient faites de petits arbres feuillus que nous appelions des *aulnages*. C'est-à-dire une variété d'arbrisseaux dont les feuilles étaient de toutes les formes et les bois de toutes les couleurs. Nous aimions particulièrement les saules, au temps des minous.

Nous les coupions à la hache ou à l'égoïne et les assemblions de manière à former des huttes sommaires. Elles étaient sombres et humides et pas du tout confortables, ce qui ne nous empêchait pas de les défendre avec ardeur contre tout envahisseur éventuel. Car un peu plus loin dans la forêt, il y avait des camarades ennemis qui cherchaient par tous les moyens à saccager et à détruire nos temples végétaux. Tout comme nous n'hésitions pas à saccager et à détruire les leurs quand ils s'absentaient et qu'ils les laissaient sans défense.

Nous étions particulièrement sévères envers les filles, qui étaient souvent nos sœurs et leurs amies. Elles avaient eu vent de nos projets domiciliaires en forêt et rôdaient autour du boisé, dans l'espoir de découvrir nos cabanes et de s'y inviter. Nous ne comprenions pas pourquoi elles n'arrivaient pas à se satisfaire de leurs propres jeux et de leurs propres fantasmes. Elles tendaient plutôt à imiter les nôtres et à se les approprier. Surtout, elles cherchaient constamment notre compagnie, ce que nous encouragions secrètement, tellement nous les trouvions belles et attirantes. Mais pas question de les accueillir dans nos cabanes!

Il me faut reconnaître que les filles poursuivaient de leur côté un rêve semblable au nôtre, qui était de créer un espace bien à elles. Elles l'aménageaient dans une des maisons du voisinage, aidées en cela par leurs mères. La structure consistait souvent en un drap blanc jeté sur une planche à repasser et chevauchant deux ou trois chaises rapprochées pour l'occasion. Cet arrangement créait une enceinte intime où les filles s'adonnaient à leurs jeux préférés. Elles habillaient et déshabillaient des poupées, servaient des mets imaginaires sur des assiettes miniatures et exécutaient différentes opérations médicales, surtout des accouchements. Nous les regardions jouer à distance, mais sans nous laisser entraîner dans leur univers.

Nos cabanes devenaient vite inhabitables, puisque les feuilles des *aulnages* se desséchaient rapidement et tombaient sur le sol, laissant des trous béants dans les murs et le toit. Nous changions alors nos plans et devis et construisions nos nouvelles cabanes dans les arbres, de préférence dans un gros conifère. Nous y montions à l'aide d'échelons cloués au tronc, sur une hauteur de quatre ou cinq mètres. Nous aménagions aussi des meurtrières dans les remparts de branches et de brindilles, ce qui nous permettait non seulement de surveiller les environs de là-haut, mais également de lancer des projectiles en direction de tout envahisseur éventuel. Des envahisseurs qui, en fait, ne se manifestaient que rarement, sinon jamais.

Nos cabanes n'avaient rien à voir avec celles des enfants qui habitent les banlieues des villes. Elles sont souvent faites de planches, de contreplaqués et de quincaillerie achetés dans le commerce. Munies de véritables fenêtres, d'une vraie porte et d'un escalier jusqu'au sol, elles sont soutenues par des madriers tout neufs et sont peintes de couleurs vives et attrayantes. Elles ne sont pas des rêves de garçons, mais plutôt des rêves de papas qui, n'étant jamais sortis des fantasmes de l'enfance ou n'y étant jamais entrés, réalisent pour leurs fils, par procuration, la fantaisie d'une cabane dans un arbre. Ces structures sont si élaborées et si complètes que les municipalités exigent parfois du propriétaire qu'il paie des taxes, comme il le fait déjà pour sa maison.

Pourquoi les enfants construisent-ils des cabanes? Il y a sans doute de nombreux ouvrages sur le sujet, des thèses écrites par des étudiants en psychologie et en anthropologie, ou des livres publiés par leurs professeurs. C'est un instinct puissant et partout répandu, notamment en Amérique du Nord. Un sentiment primitif et aveugle s'empare tout à coup des enfants et des adolescents et leur fait poser des gestes qu'ils ne s'expliquent pas eux-mêmes.

Pour les filles, c'est un besoin de gîte ou de nidification. C'est la recherche instinctive d'un lieu stable et sûr où s'installer en prévision d'une vie familiale prochaine, après la conquête d'un mâle convenable. Ce qui ne les empêche pas, bien sûr, de poursuivre plus tard d'autres ambitions et d'autres carrières. Pour les garçons, c'est la construction du château, de la forteresse qui deviendra son pied-à-terre, son lieu de retraite et de repos, sa base d'activité et de ravitaillement. Presque toujours, dans ce dernier cas, il y a dans l'idée de cabane quelque chose de belliqueux et de guerrier qui implique l'usage de la force et des armes. Et aussi quelque chose de dissimulé et d'inaccessible, sauf pour un petit nombre d'élus. Chez les garçons et les filles, on devine en arrière-plan l'idée d'abandon de l'ancienne demeure familiale et la création d'une nouvelle cellule sociale.

La perception qui précède au sujet des ambitions et des aspirations des filles et des garçons est valable et actuelle pour la majorité des gens. Cependant, l'évolution du statut de la femme et la remise en question du rôle traditionnel des deux sexes font que nombreux sont ceux et celles qui ne sont pas d'accord avec le comportement qu'on encourage chez les jeunes enfants. Certains s'opposent même énergiquement à la perception séculaire des rôles masculin et féminin, qu'ils jugent vieillotte et réactionnaire. Désormais, la poupée Barbie ne suffit plus à définir et à combler les ambitions des petites filles, ni le camion Tonka celles des garçons.

La société leur donne d'ailleurs raison, puisqu'une réévaluation et une réallocation des tâches respectives sont commencées depuis longtemps. Elles se poursuivent encore aujourd'hui, mais sont lentes à donner des résultats. En revanche, on a l'impression que les changements qui ont lieu sont définitifs et irréversibles. Et aussi que les modifications dans les rôles respectifs des hommes et des femmes auront assez de profondeur pour se maintenir et pour transformer leurs relations à tout jamais. À moins que, par atavisme, l'ancienne séparation des tâches ne connaisse un jour un regain de popularité, comme cela se produit déjà dans certaines sectes religieuses ultraconservatrices. Il est probable que les tout jeunes garçons continueront à préférer les camions aux poupées, et les fillettes à jouer au médecin plutôt qu'à la guerre.

Quoi qu'il en soit, l'instinct de la cabane n'est pas particulier aux enfants, garçons ou filles. Il ne cesse pas non plus avec l'âge. Au contraire, il s'affine et s'amplifie. Un bon exemple, ce sont les Français qui, en majorité, rêvent d'une cabane au Canada. L'obsession est si forte et si fréquente qu'elle est devenue chez eux un fantasme national. À leurs yeux, la cabane isolée dans la nature devient le refuge idéal contre la vie trépidante qu'ils mènent en France, surtout à Paris. Un pays de Cocagne, mais situé en Amérique du Nord, dans le froid et la neige, sinon en pleine forêt de sapins et d'épinettes. Certains Français ont même donné corps à leur obsession en venant construire au Québec, à flanc de montagne ou en surplomb d'un lac, de magnifiques cabanes en bois rond.

Leur geste n'est pas du tout exceptionnel. Les gens d'ici font mieux et davantage. Dès que leur situation financière le permet, ou même avant, ils s'empressent de bâtir ou d'acheter, de préférence sur le bord d'un lac, près d'un cours d'eau tranquille ou en pleine forêt, la cabane idéale, qu'ils appellent plutôt leur chalet. Même vieux rêve d'isolement, de fuite loin de la société, de retour vers un état primitif, naturel et sauvage, toutes des conditions que leurs ancêtres pionniers ont vécu aux premiers temps de la colonie. Une vie que menaient, par exemple, les coureurs des bois, les bûcherons et les défricheurs.

Quelques-uns poussent l'expérience de la cabane jusqu'à refuser l'ampoule électrique, la pompe submersible et les appareils ménagers, afin que le choc et le contraste avec la vie moderne soient plus rudes, plus réalistes. Ils s'éclairent donc au fanal, ils boivent l'eau de la source, ils n'achètent de nourriture que ce qu'ils peuvent consommer avant qu'elle se gâte. D'autres encore prétendent vivre, du moins pendant quelque temps, surtout du poisson qu'ils pêchent dans leur lac et du gibier qu'ils chassent dans la forêt voisine.

La cabane que tant de gens désirent posséder se situe habituellement hors du milieu urbain, dans un décor campagnard, forestier, sauvage. Pourtant, c'est dans les villes mêmes qu'on trouve le plus souvent la cabane idéale, que l'on nomme cette fois maison. Si un instinct primitif pousse les gens à s'isoler dans la nature, il existe aussi un instinct grégaire qui les encourage à se rassembler plutôt dans l'espace relativement restreint qu'est la ville. La maison devient alors la cabane privilégiée de chaque individu ou de chaque famille, au beau milieu de la foule citadine.

Il importe peu que cette cabane urbaine soit un appartement ou une demeure unifamiliale, ni qu'elle soit louée ou achetée. Elle n'en devient pas moins le point d'ancrage d'un individu ou d'une famille. Son chez-soi, son pied-à-terre, le logement où il rentre le soir et où il dort la nuit. Le malheur, c'est que cette cabane constitue aussi sa prison. Un cachot auquel son train de vie et ses obligations quotidiennes le condamnent. Il n'est pas malheureux de sa condition puisque, sans sa maison, il n'arriverait pas à fonctionner ni à survivre dans la fournaise urbaine. Là où il gagne sa vie, où il élève ses enfants, où il obtient une foule de services de différentes personnes: le médecin, le dentiste, l'avocat, le banquier, le maraîcher, le concessionnaire d'autos, etc.

Les plus entreprenants ne se contentent pas d'une maison standard dans une rue ordinaire. Ils veulent bien davantage. Ils cherchent dans les banlieues ou dans les recoins encore inhabités un terrain assez grand pour y construire non plus une cabane, ni une maison, mais un véritable château. Le projet exige des engagements financiers qui grèvent leur budget et qui les obligent souvent à solliciter l'appui des banques. La construction s'élève ensuite lentement et suscite la curiosité des passants. Ils évaluent le nombre probable d'étages, de chambres, de salles de bain et de garages. Ils s'émerveillent devant une entreprise aussi ambitieuse et se demandent quelle famille viendra y habiter.

— Quelle cabane! s'exclament-ils avec admiration, parfois avec convoitise.

Cette soi-disant cabane ferait en effet l'envie de ceux qui ont possédé ou qui possèdent encore un château médiéval en Europe. Bien qu'elle soit moins grande et moins imposante, elle offre en revanche des équipements et des installations de toutes sortes, qui la rendent infiniment plus confortable: électricité, téléphone, télévision, ordinateur, chauffage, climatisation, appareils ménagers et mille autres gadgets dernier cri.

Les ouvriers finissent de planter les derniers arbrisseaux ornementaux et d'appliquer la couche d'asphalte définitive. La construction est terminée. Le propriétaire et sa femme viennent s'y installer, abandonnant leur Cadillac blanche devant la porte. Ils sont un couple sans enfant qui n'habite, bien entendu, qu'une seule des six chambres à coucher. La bonne occupe la deuxième. Les autres sont prêtes à accueillir des invités éventuels. Des amis qui pourraient vouloir passer la nuit. Sans compter que Madame proclame à haute voix qu'elle a la ferme intention de fonder une famille d'au moins deux enfants, peut-être trois.

Et la salle de billard? Et les six salles de bain? Et le garage triple? Ça viendra… Peut-être n'avez-vous pas encore compris, à la fin. Cette supercabane est là non pas tant pour être habitée que pour être revendue à prix fort. Ce qui permettra au propriétaire de recouvrer sa mise et de réaliser un profit intéressant. Il surveille depuis quelque temps le marché des acheteurs et espère trouver bientôt un immigrant richissime qui sent le pétrole à plein nez, qui voudra bien lui verser la somme demandée et qui abandonnera devant la porte sa Mercedes-Benz noire.

Tout cet effort, tout ce remue-ménage ont exigé du propriétaire beaucoup de temps et d'énergie. Il est fatigué. Il dort mal. Il en a assez de cette vie mouvementée. Il se le promet: dès demain, il partira à la recherche d'un lot non défriché sur le bord d'un lac. Et là, il construira une jolie cabane en bois rond dont les fenêtres panoramiques donneront directement sur l'eau bleue. Avec un peu de chance, il pourra entendre le soir le cri envoûtant d'un huard. Et le matin, il apercevra peut-être un brochet sauter hors de l'eau, à la poursuite de son déjeuner.

Nous voilà revenus à la cabane originale. La boucle est bouclée et le circuit est complet.

MINORITAIRE

Sauf quelques brèves années d'enfance pendant lesquelles j'habitais le Nord québécois, j'ai vécu toute ma vie en situation minoritaire. Je suis minoritaire francophone face à la majorité écrasante des anglophones qui m'entourent, non seulement ceux du Canada, mais aussi ceux des États-Unis. Je suis minoritaire en particulier dans ma province de l'Ontario, où m'ont fait naître les hasards des déplacements de mes ancêtres français depuis leur arrivée à Château-Richer, sur la Côte-de-Beaupré.

Je suis minoritaire aussi aux yeux du Québec qui, surtout depuis l'élection d'un gouvernement souverainiste en 1976, a fermé symboliquement ses frontières linguistiques, abandonnant le plus souvent à eux-mêmes leurs anciens compatriotes des autres provinces. Pourquoi? Parce qu'entre autres raisons, l'affirmation de l'intégrité géographique du territoire québécois l'exigeait. Il fallait aussi couper les ponts avec ces francophones qui, dispersés sur le vaste territoire canadien, constituaient un «boulet au pied» pour le Québec, surtout que la province n'avait sur eux aucune autorité ni aucune juridiction.

Je suis minoritaire enfin à l'égard de la France lointaine qui, si elle s'est finalement souvenue qu'elle avait des petits-cousins au Québec, continue de ne pas savoir qu'un nombre appréciable de francophones sont dispersés dans le reste du pays. J'en donne pour preuve cette promenade en voiture que j'ai faite récemment dans la banlieue de Paris, où je suis tombé par hasard sur une foire commerciale. Comme les Français ont détecté rapidement mon accent étranger, ils sont tombés des nues en apprenant que je venais d'Amérique, que je n'étais pas du Québec et que je vivais en Ontario, une province dont plusieurs ne connaissaient même pas le nom. Pendant un court instant, je devins l'événement de l'heure – surtout lorsque quelqu'un signala ma présence au micro – comme si j'étais un parent lointain dont ils ignoraient jusqu'à l'existence et que, par miracle, ils venaient de découvrir.

Le village de l'Est ontarien où je suis né et où j'ai commencé à fréquenter l'école est devenu depuis une ville. Il était alors presque entièrement francophone, sauf quelques rares familles anglophones isolées et dispersées à la périphérie. Mais comme bien d'autres agglomérations comparables et voisines, ce village devenu ville est actuellement en train d'être submergé par l'arrivée récente et massive de nouveaux anglophones et allophones. Pour diverses raisons, dont la proximité de la capitale et la vie abordable qu'on peut y mener, ils s'y installent en grand nombre. Leur arrivée a changé la physionomie des rues, des commerces et des maisons, et la langue anglaise a amorcé sa marche triomphale vers une majorité bientôt assurée.

Les francophones de souche offrent une belle résistance contre l'envahisseur. Ils prennent des mesures courageuses pour protéger leur langue, par exemple en exigeant l'affichage bilingue. Mais ils sont en butte à l'hostilité sinon habituelle, tout au moins fréquente de la communauté anglophone. De plus, ils sont déjà affaiblis par plus d'un siècle d'influence anglaise et par deux siècles et demi d'absence quasi totale de tout appui en provenance de leur pays d'origine, la France.

Les anglophones continuent aujourd'hui à s'établir dans cette ville, passant de moins de 5 % à 25 % de la population en quelques années. Ils seront bientôt majoritaires, peut-être durant la prochaine décennie. Pour survivre économiquement, les petits commerces qui ont pignon sur les vieilles rues affichent souvent et volontiers en anglais. Et les entreprises nationales et multinationales qui s'installent dans les nouveaux quartiers d'affaires utilisent surtout l'anglais. Pourquoi, se disent leurs représentants, se donner la peine d'utiliser les deux langues officielles, puisque les francophones de la ville parlent déjà très bien l'anglais ?

Un tel raisonnement fait bondir les défenseurs du français. Mais pour les anglophones, cela semble tout naturel, aveugles qu'ils sont aux droits et aux besoins de la principale minorité au pays, et au respect élémentaire qu'ils lui doivent. Malheureusement, ils arrivent à convaincre un bon nombre de francophones, qui adoptent volontiers l'anglais quand ils traitent avec leurs employeurs et en leur nom. Ils y voient un certain chic, ils éprouvent une certaine supériorité à l'égard de leurs semblables, qui ne font encore que baragouiner la langue anglaise, alors qu'eux la maîtrisent déjà fort bien.

Les statistiques[1] qu'on publie régulièrement sur la condition démographique des francophones en Ontario, où ils constituent moins de 5 % de la population, confirment hors de tout doute la difficulté à laquelle ils font face. Elles confirment surtout le déclin graduel de leur influence linguistique dans la province, malgré la vie en rose que tentent parfois de peindre des représentants du gouvernement provincial et d'autres optimistes.

En chiffres absolus, le nombre d'Ontariens de langue maternelle française continue d'augmenter chaque année, en dépit du phénomène de l'assimilation (selon les sources, celle-ci varierait entre 40 % et 44 %). Ils sont passés de 341 502 en 1951 à 510 240 en 2006, puis à 525 955 en 2011, soit une augmentation de 54 % en 60 ans.

Cette constatation rassurante peut mener à une dangereuse illusion. En effet, le nombre d'anglophones et d'allophones ontariens (dont plus de 90 % adoptent l'anglais) augmente beaucoup plus rapidement, passant de 4 256 040 en 1951 à 11 518 650 en 2006, puis à 12 196 101 en 2011, soit un accroissement de 186,6 % en 60 ans.

Ce recul proportionnel des francophones est alarmant en soi. Mais en plus, la proportion des Ontariens de langue maternelle française qui utilisent le plus souvent l'anglais à la maison serait de 40,3 % en 2001, de

---

[1] L'essentiel des données présentées ici proviennent de Statistique Canada.

41,8 % en 2006 et de 43,4 % en 2011.

Ce dernier phénomène en rappelle d'ailleurs un autre : les francophones sont passés de 10 % de la population ontarienne vers 1900, à 7,4 % en 1951, à 4,2 % en 2006 et à 4,1 % en 2011. En 2006, seulement 2,7 % de la population totale de l'Ontario déclarait avoir le français comme langue principale. Ce déclin relatif n'est pas sujet à des hauts et des bas, ni à des chutes suivies de redressements. Il est plutôt un glissement régulier et constant, toujours dans la même direction descendante.

Si cette tendance se maintient, les francophones de l'Ontario deviendront peu à peu un groupuscule de plus en plus négligeable exerçant une influence de moins en moins grande. En comparaison, la majorité anglophone poursuivra son ascension démographique rapide et constante, en jouissant d'un poids social et économique toujours plus considérable et en s'enrichissant de l'apport continuel des allophones. Ce qui veut dire que l'écart entre le français et l'anglais en Ontario ira s'élargissant.

À long terme, il pourrait mener sinon à une assimilation complète, sans doute à un affaissement et à une stagnation. Sans compter la perte de poids social et d'influence politique. Un peu comme la langue d'oïl ou la langue bretonne, en France, et le cajun en Louisiane. Le français continuerait sans doute à subsister dans certains milieux ontariens, mais surtout à cause de son intérêt historique, de la proximité du Québec et, enfin, à titre de curiosité linguistique.

Faut-il espérer un renouvellement et une revitalisation de la langue française en Ontario et un répit à la progression irrésistible des anglophones? Faut-il penser, par exemple, qu'une recrudescence du taux de natalité chez les francophones, qu'un regain providentiel de l'usage du français dans la population ou qu'une vague improbable d'immigrants francophones viendront renverser la tendance actuelle? Plusieurs l'espèrent vaguement, mais sans articuler comment cela pourrait se faire.

Il existe pourtant en Ontario de nombreux mouvements francophones pleins de vitalité. Ils continuent à travailler avec courage au maintien et à l'avancement du français, en organisant des activités et des fêtes dans la communauté. Il faut souligner en particulier l'apport des défenseurs de l'hôpital Montfort, à Ottawa (sous l'impulsion de madame Gisèle Lalonde) qui, vers la fin du siècle dernier, ont tenu tête avec succès à un gouvernement provincial qui nous était ouvertement hostile.

Mais ces courageux partisans du français sont en butte non seulement au poids énorme de la majorité anglophone, mais aussi à une certaine apathie, à une certaine inertie dans la population francophone elle-même. Même les partisans du français et les chefs de file influents dans la communauté ne peuvent gérer tous les changements et renverser les tendances (en particulier celle de l'assimilation) qui se produisent chez ceux-là mêmes qu'ils défendent. À tort ou à raison, on a l'impression que la population s'accommode tant bien que mal de ce qui est en train de lui arriver.

Un bon nombre de minoritaires francophones continue de passer en douce dans le camp anglophone. Ils contractent des mariages et s'engagent dans des unions mixtes (l'anglais devenant le plus souvent la langue du couple et de ses enfants éventuels); ils travaillent volontiers en anglais (la plupart de leurs collègues et de leurs clients sont souvent des anglophones); ils font preuve d'accommodement envers telle entreprise anglophone qui leur fournit un emploi (ils dépendent d'elle pour leur pain quotidien et pour leur avancement); ils constatent que, dans les villes ontariennes et ailleurs au pays et à l'étranger, la langue des affaires est surtout l'anglais (ils se sentent donc plus à l'aise dans leur peau et dans leur situation); ils s'adressent aux anglophones dans leur langue et sur un ton soumis (c'est là un bien malheureux trait de caractère chez nos francophones), même lorsque ceux-ci sont en minorité dans un groupe et même si, animés d'une rare bonne volonté, ils s'efforcent de parler français. On dira à la défense des francophones qu'ils sont à tout le moins bilingues. Sans doute, mais pour beaucoup d'entre eux, le bilinguisme ne sera autre chose qu'un état transitoire sur la route menant à l'unilinguisme anglais.

L'Angleterre ou même les États-Unis semblent bien disposés à l'égard du fait français, même si leur population francophone est relativement peu nombreuse. Il n'est pas rare d'entendre un Anglais parler un français tout à fait correct. Il est étonnant de voir que la signalisation routière entre le Canada et la Floride est assez souvent dans notre langue.

Les Canadiens de langue anglaise, eux, semblent plus réticents et n'apprennent pas volontiers le français. À moins d'y être contraints par les circonstances. Par exemple, quand ils doivent occuper un poste bilingue dans une entreprise ou dans une administration publique, ou encore lorsqu'ils cherchent à devenir maire d'une ville où se parlent les deux langues.

La grande question demeure celle de savoir pourquoi la plupart ne veulent pas apprendre l'autre langue officielle. Il faut d'abord convenir que, puisqu'ils forment plus de 95 % de la population en Ontario, il serait irréaliste de penser qu'ils devraient tous parler la langue de la minorité minuscule que nous sommes. Le même problème se pose dans d'autres provinces, surtout dans l'Ouest canadien, où le pourcentage de francophones est encore plus faible qu'en Ontario.

De plus, beaucoup d'anglophones estiment, sans le dire expressément, qu'ils n'ont aucune raison de parler français puisque, suite à leur victoire sur les plaines d'Abraham il y a deux siècles et demi, ils sont les maîtres incontestés du pays. Or le maître n'est pas tenu d'apprendre la langue de ses serviteurs, ni le patron celle de ses subalternes. D'ailleurs, advenant le moindre fléchissement à cet égard, ils peuvent toujours compter sur la présence et le renfort de leurs voisins du sud, les Américains. Leur influence se fait partout sentir chez les francophones du Canada, comme chez les Français eux-mêmes.

Un autre argument qui expliquerait l'inaptitude de nos amis anglophones à apprendre le français, c'est l'absence de milieux francophones où ils pourraient étudier la langue française, l'utiliser fréquemment et, surtout, la retenir. Dans la situation actuelle, la plupart d'entre eux semblent condamnés à ne jamais pouvoir parler correctement le français. Ou même à oublier rapidement ce qu'ils ont déjà appris, faute d'occasions de s'en servir. Un argument qui n'est pas sans vérité, bien que les anglophones contribuent eux-mêmes à la rareté de tels milieux et à l'affaiblissement du français. Ils s'en excusent d'ailleurs à profusion, en répétant à tout venant: « *Sorry, I don't speak French, but I wish I will be able to some day.* »

On a aussi dit, mais sans aucune preuve scientifique connue à l'appui, qu'un blocage mental les empêchait d'apprendre une langue autre que la leur, que ce soit le français, le russe ou le swahili. Il est difficile de croire au blocage mental, mais il est possible qu'il y ait chez eux un refus collectif et inconscient de pactiser linguistiquement avec leurs rivaux de toujours, les Canadiens français et les Québécois. Des ennemis pourtant bien peu menaçants, mais qu'ils continuent de craindre et dont ils se méfient instinctivement. Comme s'il était possible qu'un jour les francophones renversent la majorité actuelle et qu'ils s'emparent du pays! Aussi farfelu que cela puisse sembler, bon nombre d'entre eux partagent cet avis.

Aux yeux des anglophones, les langues, y compris leur propre langue, leur semblent avant tout de simples outils de communication. Ils sont même pleins d'indulgence et de patience envers les Néo-Canadiens qui massacrent l'anglais. La seule exigence, c'est qu'ils veuillent bien l'apprendre de préférence à toute autre langue, dont surtout au français. Ils ne leur crient jamais « *Speak white!* », comme ils le faisaient en 1889 quand Henri Bourrassa tentait de s'exprimer en français dans la Chambre des communes, à Ottawa.

Ils ignorent aussi, ou plutôt ils choisissent d'ignorer qu'au moins 60 % de leur vocabulaire est d'origine française. Selon Henriette Walter, professeur de linguistique à l'Université de Haute-Bretagne (Rennes) et directrice du laboratoire de phonologie à l'école pratique des Hautes Études à la Sorbonne, plus des deux tiers des mots anglais proviennent de l'ancien français ou du français moderne. En revanche, contrairement à ce qu'on pourrait croire, les emprunts du français à l'anglais sont seulement de l'ordre de 4 %.

À la suite de sa victoire à Hastings en 1066, le Normand Guillaume le Conquérant devient maître de la Couronne britannique et chasse de la Cour du roi la noblesse anglaise pour la remplacer par des nobles français. Pendant trois cents ans, le français dominera l'aristocratie, l'administration et la justice en Angleterre. Des milliers de mots français passeront alors dans le vocabulaire anglais. On trouve même des traces de cette influence historique dans les pièces de Shakespeare.

Depuis cette époque, la liste des mots anglais empruntés au français continue de s'allonger: abolition, bosquet, boudoir, doyen (*dean*), impertinent, preux (*proud*), prison, bacon, tour, forain (*foreign*), grief, rental, feint (*faint*), raille (*rail*), tost (*toast*), computer, etc. Bien sûr, la prononciation, l'orthographe et, parfois, le sens des emprunts ont un peu changé, mais l'origine et la base linguistiques, elles, demeurent. Aussi invraisemblable que cela puisse sembler, un anglophone qui parle anglais parle surtout français. Il est bilingue de naissance, malgré lui et à son insu !

La majorité des immigrants qui s'installent au Canada, que ce soit en Ontario, au Québec et ailleurs, apprennent de préférence la langue anglaise. Dès leur arrivée, ils sentent bien la tension entre les deux principales communautés linguistiques du pays, mais refusent le plus souvent de prendre ouvertement parti. Ils optent silencieusement pour l'anglais dans une proportion de 92,3 %. Seulement 7,7 % d'entre eux (soit moins d'un immigrant sur dix!) choisissent plutôt le français, sans aucun doute parce que la majorité veut rallier le groupe le plus fort et le plus nombreux.

Ils n'ignorent pas non plus que l'anglais est aussi la langue officielle des États-Unis, un avantage qui pourrait s'avérer utile si jamais ils décidaient un jour de franchir la frontière vers le sud. Ils savent enfin, comme tout le monde, que l'anglais est devenu la langue de la communauté internationale dans un très grand nombre de domaines scientifiques et techniques.

Plusieurs d'entre eux estiment aussi, mais sans le dire, que le français parlé au Canada se maintient difficilement. Non seulement il est en perte de vitesse mais il est aussi loin, parfois trop loin de la norme internationale, quelle qu'elle soit. Les mots, la syntaxe et la prononciation sont particuliers ou même uniques aux francophones que nous sommes et, de ce fait, découragent parfois l'apprentissage chez les nouveaux venus.

Pour ma part, même si les circonstances m'ont souvent amené à séjourner et à travailler dans des milieux autres que ceux de l'Ontario, ce langage qui nous est particulier ne m'a jamais dérangé d'aucune manière. Au contraire, il m'a donné, il me donne toujours un sens d'appartenance inégalé à la communauté dont je viens et dans laquelle je suis enraciné. C'est la langue que parlaient ma mère et, aussi, mes ancêtres, qui sont arrivés au Québec au dix-septième siècle. Elle n'est pas plus marginale que l'argot parisien que je n'ai jamais pu bien comprendre. Ni plus marginale que l'anglais approximatif parlé dans les campagnes ontariennes. Mes premiers contacts avec les petites gens de nos villages anglophones m'ont laissé stupéfait : pendant longtemps, je n'arrivais pas à saisir ce qu'ils me disaient. Ils ne parlaient pas comme dans les livres, eux non plus !

Je suis né bilingue. Ou presque. J'ai appris l'anglais dans la rue, en même temps que le français. J'ai ensuite complété mes connaissances au collège et à l'université, où j'ai lu les grands classiques : *Beowulf, The Canterbury Tales, Macbeth, Elegy in the Country Church Yard, Moby Dick, Leaves of Grass, The Return of the Native, In Flanders Field, The Sun Also Rises, Murder in the Cathedral, Lord of the Rings*. Et plus récemment, *The Handmade's Tail* et *Dance of the Happy Shades*.

Ces livres, que je lisais avec avidité, me plaisaient autant que ceux de la littérature française, me laissant partagé entre deux amours. L'anglais prenait dans ma vie une place de plus en plus grande. Mais j'ai vite appris que, quand il s'agissait de commander un verre ou un plat dans un bar ou dans un restaurant, la syntaxe de Beowulf et de Shakespeare ne m'était d'aucun secours. Il m'a fallu faire des rajustements et m'adapter à la réalité du jour. Ma passion pour la littérature anglaise a d'ailleurs commencé à péricliter au contact du quotidien. Plus j'étais contraint de vivre en anglais, plus je voulais revenir vers le français, ma langue essentielle.

Après avoir appris l'anglais, j'ai travaillé en anglais.

J'ai dû utiliser cette langue tout au long de ma carrière de fonctionnaire fédéral. Mes collègues anglophones reconnaissaient mes compétences linguistiques. C'est pourquoi, plutôt que de recourir au Bureau de la traduction, dont les services leur semblaient trop lents ou inefficaces, ils m'incitaient adroitement et subtilement à traduire en français des textes rédigés en anglais. Pendant ce temps, eux faisaient des travaux plus utiles, plus formateurs, plus susceptibles d'appuyer leur ascension vers des postes supérieurs.

Si je me prêtais à l'exercice, c'était surtout pour faire preuve de bonne volonté et préserver mes bonnes relations avec eux. À l'occasion de concours ou de promotions, il m'est même arrivé, toujours pour leur plaire et pour m'avantager, de cacher le fait que j'avais terminé à l'université un doctorat en lettres françaises. Car c'était là, à leurs yeux, un handicap évident qu'il valait mieux dissimuler.

Pendant bon nombre d'années, j'ai vécu de cette prostitution verbale à laquelle je résistais le mieux possible, puisque je n'étais pas traducteur de formation. Mais je n'avais pas beaucoup de succès. Tout refus de collaborer en ce sens était interprété par mes supérieurs comme la preuve d'un esprit rebelle, d'un manque de coopération et d'un obstacle pour l'organisation à laquelle j'appartenais. Pourtant, à cette époque, mon ambition à moi se situait ailleurs que dans les mots. Mais les requêtes de nature linguistique étaient constantes et nombreuses. Elles grevaient sérieusement mon temps et obstruaient ou aveuglaient les avenues par où mon ambition d'accéder à des postes supérieurs aurait pu se réaliser.

Après avoir participé à la rédaction de la *Loi sur les langues officielles*, j'ai contribué aussi à son implantation dans les ministères et dans les ambassades. Tant et si bien qu'avec les années, je suis devenu celui que mes camarades appelaient d'un ton moqueur «le pape du bilinguisme». Ce n'était pas une injure, mais ce n'était pas non plus un compliment. C'était une manière de reconnaître ma compétence dans un domaine que je n'avais pas choisi et qui ne menait nulle part. Je suis finalement sorti de l'impasse sur un coup de tête, en quittant mon poste et en cherchant ailleurs de quoi vivre. Je suis redevenu minoritaire anonyme dans ma propre ville.

L'anglais a laissé en moi des traces indélébiles. Je cherche encore la traduction française de mots qui me viennent d'abord en anglais. Et chaque fois que je soumets un manuscrit à un éditeur, je lui demande d'embaucher quelqu'un qui pourra m'aider à faire la chasse aux derniers anglicismes que je n'aurais pas su détecter moi-même. Bien plus, quand il m'arrive de réfléchir à tel ou tel problème, je m'interdis strictement de le faire en anglais. Il m'arrive même de me surprendre en train d'enfreindre cette interdiction formelle, mon esprit distrait dérivant parfois de ce côté lorsque je manque de vigilance. Enfin, sauf pour mes bons amis anglophones, il est strictement défendu de parler anglais dans ma maison, puisque j'estime que c'est par là que commence pour le francophone et que se poursuit sa lente et longue mutation vers l'anglais.

«Bons amis anglophones»? J'en ai en effet plusieurs et n'ai aucune intention de les laisser tomber à cause de leur langue, que je parle, ou de ma langue, qu'ils ne parlent pas. Ils ne sont pas pour autant des ennemis. Je sais que l'un d'eux a tenté d'apprendre le français, mais n'a pas réussi. Pourquoi? Je n'en sais trop rien. Il vit en milieu strictement anglophone et, que je sache, il n'a d'autre ami francophone que moi. J'avoue cependant que nos conversations et nos communications dans sa langue seulement s'en trouvent subtilement contraintes. J'ai aussi l'impression qu'il voudrait contribuer davantage à notre amitié, mais que son unilinguisme constitue un handicap, un empêchement même. Malgré ces difficultés réelles ou apparentes, nous continuons depuis des années à entretenir d'excellents rapports.

Je n'aborde même pas ici la question épineuse et toujours irrésolue des deux solitudes, dont Hugh MacLennan parlait dès 1945. Bien qu'on ait beaucoup écrit à ce sujet, il n'y a eu à cet égard que peu ou pas de progrès apparent au pays, sauf peut-être pour l'instauration du bilinguisme, et encore! Les anglophones et les francophones continuent à se toiser en chiens de faïence, tout en demeurant sur leurs positions respectives.

Le Canada anglais, de son côté, fait preuve d'une aversion et d'une intolérance constantes mais larvées à l'égard de ses ennemis de toujours, et ce, depuis les plaines d'Abraham et la déportation des Acadiens jusqu'à présent. Il ne s'émeut nullement en voyant que les francophones minoritaires en sont aux abois, qu'ils risquent même de disparaître à plus ou moins long terme, à moins que, pis encore, ils survivent à l'assimilation, mais en végétant! Il nie les francophones avec une animosité toute civilisée. Mais, afin de préserver l'intégrité du pays, il rejette la séparation éventuelle du Québec. Il n'aura de cesse, semble-t-il, que lorsque le dernier francophone, au Québec ou ailleurs, aura rendu son dernier souffle ou consentira enfin à parler anglais.

De leur côté, les Québécois lui rendent assez bien la monnaie de sa pièce. Par exemple, ils entretiennent, eux aussi, une certaine méfiance, une certaine hargne envers leurs compatriotes anglophones ; ils tentent avec persévérance de rogner les pouvoirs et les argents fédéraux ; ils bénéficient largement de la péréquation, qui leur permet de percevoir des sommes importantes venant des provinces les plus riches (récemment, ils recevaient environ 9,3 milliards sur un total disponible de quelque 16,7 milliards) ; les péquistes s'efforcent d'exclure l'unifolié du Salon rouge, pour ne conserver que le fleurdelisé ; surtout, ils entretiennent le mythe de leur souveraineté prochaine. Celle-ci devient chaque jour plus illusoire, étant donné l'arrivée de Néo-Québécois de souche non européenne, qui viennent compenser la dénatalité dans la province mais qui sont moins enclins à souhaiter l'indépendance. Toutes des mesures qui viennent jeter du sel sur la plaie.

La rivalité entre francophones et anglophones rappelle irrésistiblement les grandes hostilités internationales et séculaires. Celle d'Israël et des pays arabes, celle des catholiques et des protestants d'Irlande, celle des sunnites et des chiites de l'Islam, celle des guerres intestines en Afrique et des luttes entre Hurons et

Iroquois. Des haines qui se situent au-delà de la raison et de toute forme d'intelligence, et qui sont la meilleure illustration et l'expression la plus pure des limites de la nature humaine.

De leur côté, les Québécois ne se rendent pas suffisamment compte que, dans une modeste mesure, les minorités francophones des autres provinces contribuent à les protéger et à faciliter leur survie. Surtout les minorités qui vivent près des frontières du Québec, par exemple dans l'est et dans le nord de l'Ontario. Elles forment un tampon, une ligne Maginot linguistique, un rempart imaginaire derrière lesquels les Québécois peuvent se retrancher et où la sécurité de leur langue s'en trouve accrue. On peut avancer aussi que même les minorités francophones qui vivent ailleurs au Canada (par exemple au Nouveau-Brunswick ou en Colombie-Britannique) constituent une présence considérable, un poids démographique non négligeable, une force morale réelle qui favorisent et appuient indirectement les Québécois, même à leur insu. Si elles n'étaient pas là, on peut présumer sans risque d'erreur que les rapports du Québec avec le monde anglophone en seraient considérablement modifiés.

Le danger, cependant, c'est que cet appui et cette protection qui viennent des minorités (toujours dans une faible mesure!) donnent aux Québécois une fausse impression de sécurité et d'autosuffisance. Quelques-uns d'entre eux éprouvent même un sentiment de supériorité à l'égard de ceux qu'ils appellent des Canadiens français. Ils veulent indiquer par là qu'eux ne le sont plus, qu'ils ont découvert une nouvelle identité dite québécoise, identité que les minorités ne peuvent partager, puisqu'elle se fonde sur les frontières géographiques du Québec. Au moment des États généraux de 1967, les Québécois ont décidé de se dissocier de la francophonie de l'Amérique du Nord et de faire cavalier seul, dans l'espoir de réaliser plus facilement l'indépendance. Un pari hasardeux qui, en 45 ans, n'a mené nulle part, sauf peut-être à deux référendums perdus et à un plus grand isolement entre eux et les minorités francophones dispersées dans le pays.

Pourtant, le sort des minorités francophones et celui des Québécois demeurent liés intimement. Bien sûr, les pertes par assimilation sont plus importantes chez les minorités que chez eux. Mais celles-ci se maintiennent tant bien que mal et leur habileté à résister assure aux Québécois une survie encore plus certaine, plus facile et plus longue. Si ces minorités disparaissaient, ce sont les Québécois eux-mêmes qui devraient les remplacer en tant que combattants de première ligne. Ils seraient exposés encore plus directement qu'ils le sont déjà au raz-de-marée anglophone, aussi bien canadien qu'américain, puisqu'il n'y aurait plus de zone tampon pour les appuyer et les protéger.

Ce matin, un médecin francophone appelé Lockman m'a fait au genou une injection de cortisone. Cet après-midi, l'entrepreneur Kevin Bissonnette, qui ne parle que l'anglais, viendra faire une estimation du coût des rénovations à effectuer à ma maison. Enfin hier, quand j'ai appelé mon concessionnaire pour un rendez-vous, la téléphoniste m'a dit qu'elle parlait français, mais seulement «oune petite peu». Et la semaine dernière, au magasin où j'ai acheté mon vélo stationnaire, c'est un Néo-Canadien qui m'a servi. Un gros homme jovial à la peau très noire qui parlait un français impeccable. Il m'a rassuré. Il y a de l'espoir, me suis-je dit. Il y a tout de même de l'espoir.

Table des matières

Achevé d'imprimer
en avril 2014 sur les presses
de l'Imprimerie Gauvin, à Gatineau (Québec).